ARCHIVOS DEL PRESIDENTE JOSÉ AZCONA

Notas de Prensa — Febrero de 1987

MERENDÓN
COLECCIÓN

TEGUCIGALPA, HONDURAS, DICIEMBRE DE 2023

Nota del Editor

Estos volúmenes del archivo José Azcona Hoyo de la Colección Merendón nacen de los documentos que dejó mi papá al fallecer. Hubiese sido su voluntad que la información fuese compartida con todas las personas que deseen acceder a la misma.

Esta tomo incluye un registro de publicaciones periódicas contemporáneas con los hechos, informes de gobierno, y otros documentos anexos. La edición que hoy publicamos contiene los archivos de prensa de febrero de 1987.

El cuidado y divulgación de documentos históricos tiene dos componentes importantes. El primero, y condición necesaria para el segundo, es la conservación de la información para su posterior uso. La función primaria se ha logrado durante las décadas que este archivo ha estado bajo custodia de mi madre, Miriam Bocock de Azcona, y se espera lograr darle un hogar definitivo permanente.

La segunda función se cumple con la publicación de este archivo. El mismo se ha organizado, capturado digitalmente, convertido a texto, editado y publicado de una manera sistemática.

La intención es que el mismo sea accesible, a un costo económico, para quienes deseen conocer mejor este importante periodo de la historia de Honduras.

Adicionalmente, que sirva de fuente para investigadores que se interesen en los temas cubiertos por el mismo. Un complemento importante es que se pretende tener estas obras en una edición disponible de forma permanente, para garantizar el acceso al mismo a futuro.

Hemos cuidado de hacer edición para garantizar que no haya errores, y una facilidad de búsqueda, pero no se ha excluido ningún elemento. La intención no es distorsionar el archivo para favorecer o perjudicar imágenes, sino conservarlo y compartirlo en forma íntegra.

Agradezco a Alberto López (organización y digitalización inicial), Tesla Rodas y Jéssica Cordero (administradoras), Óscar Flores (correcciones), a Zona Creativa por el levantamiento del texto y a Juan Carlos Pagoaga y Andrea Rodríguez (Diseño, artes y publicación).

José S. Azcona B.
Diciembre de 2023

"Opinión particular la de Montoya", dice vicepresidente de Guatemala

- *Creación del Parlamento Centroamericano continúa siendo apoyada por Honduras*

La creación del Parlamento Centroamericano continúa siendo apoyada por Honduras, afirmó ayer en la Casa de Gobierno el vicepresidente de Guatemala, Roberto Carpio Nicolle.

Al término de una reunión con el presidente José Azcona, el vicepresidente guatemalteco dijo que "el mandatario hondureño me ha dicho que apoya la idea del Parlamento Centroamericano como ha apoyado siempre".

Carpio Nicolle indicó que en la actualidad hay muchos obstáculos para la creación del citado Parlamento Centroamericano, "pero estamos tratando de retirar las piedras del camino y ese es el motivo de mi visita a Honduras".

Agregó que el gobierno de Guatemala mantiene su política de neutralidad activa en el conflicto regional al tiempo que explicó que la neutralidad se refiere a no involucrarse en problemas militares, "sólo nos involucraremos, señaló, en los esfuerzos para encontrar la paz en Centroamérica y para defender la democracia. En ese sentido nuestra política seguirá siendo activa".

Asimismo, explicó que los diputados que integren el Parlamento Centroamericano serán electos libremente en los cinco países en forma simultánea y tendrán potestad para discutir toda clase de problemas regionales.

Por otro lado, Carpio Nicolle confirmó la participación del presidente de Guatemala, Vinicio Cerezo Arévalo, en la reunión de mandatarios centroamericanos que se llevará a cabo en San José, Costa Rica, el próximo 15 del presente mes.

Carpio Nicolle estimó como "una opinión particular" las declaraciones del presidente del Congreso Nacional, Carlos Montoya, de que Guatemala "esconde la cabeza como el avestruz" en relación al problema centroamericano, lo cual ha sido rechazado por diputados del vecino país.

Una comisión del Congreso Nacional se reunió con el vicepresidente de Guatemala, Roberto Carpio Nicolli, para analizar las posibilidades reales de crear el Parlamento Centroamericano.
(Foto Aquiles Sandino)

El gobernante José Azcona al momento de recibir en su despacho al vicepresidente de Guatemala, Roberto Carpio Nicolli, con quien discutió el proyecto de creación del Parlamento Centroamericano, propuesta formulada por el presidente guatemalteco Vinicio Cerezo. (*Foto Aquiles Sandino*)

La Tribuna / **3 de febrero de 1987**

Azcona inaugura conferencia sobre Techo y Trabajo, hoy

TEGUCIGALPA. El presidente José Azcona Hoyo inaugurará hoy la Segunda Conferencia Sobre Techo y Trabajo para América Central, que tendrá como objetivo promover la construcción de viviendas para los sectores más pobres del área centroamericana.

El mandatario fue invitado ayer a participar en la inauguración de dicha conferencia por un grupo de cooperativistas de los Estados Unidos y la misma tendrá lugar en el Hotel Honduras Maya, a las 10 de la mañana.

En la conferencia patrocinada por la Fundación para la Vivienda Cooperativa (CHF), se analizará el papel del sector privado en programas para mejorar viviendas, vecindarios y creación de empleos; el sistema cooperativo de desarrollo en América Central y las fuentes de financiamiento y mecanismos crediticios para familias de bajos ingresos.

Asimismo, cómo crear empleos a nivel de la comunidad a través de pequeñas empresas y producción de materiales de construcción, y programas de préstamos para mejorar viviendas.

El presidente de la CHF, Charles Dean, dijo que a través del programa "Techo y Trabajo" se dará préstamos a entre 1.000 a 2.000 lempiras a las familias más pobres del país.

Indicó que en la conferencia el presidente Azcona hablará sobre los problemas que Honduras enfrenta en materia de vivienda y los proyectos que su gobierno pretende ejecutar para favorecer a los sectores más pobres del país.

En el evento, que concluirá el viernes próximo, participarán representantes de Guatemala, El Salvador, Honduras, Costa Rica, Panamá, Belice y los Estados Unidos. (TDG).

Tiempo / **3 de febrero de 1987**

Honduras apoyará su creación: J. Azcona

TEGUCIGALPA. –El presidente José Azcona Hoyo comunicó ayer al vicepresidente de Guatemala, Roberto Carpio Nicolle, la decisión del gobierno hondureño de apoyar la creación del parlamento centroamericano.

Carpio Nicolle realiza una gira por Honduras, El Salvador, Nicaragua y Costa Rica, para dialogar con los gobernantes sobre la necesidad de reactivar la idea de crear un parlamento centroamericano, propuesta por el presidente de Guatemala, Vinicio Cerezo, en la cumbre de mandatarios que se llevó a cabo en Esquipulas el 26 de mayo del año pasado.

El vicepresidente de Guatemala se reunió por espacio de una hora con el presidente Azcona, y en la misma participaron también los designados a la presidencia ingeniero Jaime Rosenthal Oliva y Alfredo Fortín.

Carpio Nicolle dijo que el objetivo de su visita al presidente Azcona fue entregarle un mensaje personal del presidente Vinicio Cerezo, y promover la creación del parlamento centroamericano.

"El presidente Azcona me dijo que hay una excelente decisión de Honduras de llevar adelante el parlamento", expresó, a la vez que señaló que para la creación de ese foro centroamericano no existen obstáculos fundamentales.

"Lo que ha retardado un poco su creación son los obstáculos normales del área".

Sostuvo que los diputados que representarán a su país en el parlamento centroamericano, deberán ser electos libremente por el pueblo, objetivo que podrá lograrse al "firmarse un documento que contemple la realización de elecciones simultáneas en los cinco países, libres y democráticos y con participación pluralista".

AZCONA HOYO

Por otra parte, manifestó que el presidente Vinicio Cerezo asistirá a la cumbre de mandatarios centroamericanos que se llevará a cabo en San José, Costa Rica, el 15 de febrero próximo.

Cerezo había anunciado que no asistiría a la cumbre si se excluía al presidente de Nicaragua, Daniel Ortega, puesto que una decisión de esa naturaleza entorpecería los esfuerzos por encontrarle una solución negociada a la situación centroamericana.

Sin embargo, Carpio expresó que Cerezo participará en la reunión de mandatarios, porque considera que en la misma podrían lograrse propuestas que contribuyan a la pacificación de la región.

Señaló que Guatemala mantiene una neutralidad activa en los asuntos internos de otros estados, y que su involucramiento en la crisis centroamericana lo hace "como un esfuerzo para encontrar la paz y que en Centroamérica haya democracia".

Al referirse a las declaraciones del presidente del Congreso Nacional, Carlos Orbin Montoya, en el sentido de que Guatemala se comporta como el avestruz ante la crisis centroamericana, el vicepresidente Carpio dijo que "posiblemente lo que pasa es que tenemos algunas discrepancias de criterios, pero estamos todos de acuerdo en que debemos buscar una salida al conflicto". (TDG)

Tiempo / **3 de febrero de 1987**

Presidente Azcona inaugura la Segunda Conferencia "Techo y Trabajo"

TEGUCIGALPA. – El presidente José Azcona inauguró ayer la "Segunda Conferencia Techo y Trabajo para América Central", que tiene como objetivo ejecutar una serie de proyectos de viviendas para las familias de bajos recursos económicos.

El programa es patrocinado por la Fundación para la Vivienda Cooperativa (CHF), con fondos de la Agencia Internacional para el Desarrollo (AID) y según estimaciones podría beneficiar a unas cien mil personas del área.

Al acto asistieron el embajador de Estados Unidos, Everett Briggs, representantes de la firma patrocinadora, miembros de entidades privadas y públicas que se dedican a la construcción de viviendas en Centroamérica y representantes de la Agencia Internacional para el Desarrollo.

Asimismo, hubo representantes de los países centroamericanos que saldrán beneficiados con el programa habitacional que se iniciará en los próximos meses.

El presidente Azcona Hoyo dijo que su gobierno, "ve con simpatía el programa de viviendas", al tiempo que destacó la importancia del sistema cooperativo del cual fue parte durante doce años.

"En Honduras compartimos con los países hermanos de Centroamérica, la ambición de concebir política y programas que atiendan los serios problemas de nuestros asentamientos humanos", dijo el mandatario.

El embajador norteamericano al hacer uso de la palabra dijo que Estados Unidos seguirá colaborando en la ejecución de programas de desarrollo de tal forma que en los últimos años se han destinado más de 200 millones de dólares para la construcción de viviendas".

Dijo que el proyecto que está por iniciar permitirá "mejorar las condiciones habitacionales de las familias pobres, además que generará empleos y estimulará la participación igualitaria".

4

*El presidente Azcona, el embajador Briggs y otros personeros presidieron los actos de inauguración de la Segunda Conferencia Techo y Trabajo para Centroamérica. (*Foto de Daniel Toledo*)

La Prensa / 4 de febrero de 1987

Intensiva construcción de viviendas anuncia Azcona

- **Estoy instruyendo al Comité Nacional de la Vivienda para que prepare los lineamientos a fin de realizar ese esfuerzo, dice.**

La Segunda Conferencia sobre Techo y Trabajo para América Central fue inaugurada ayer por el presidente José Azcona Hoyo, quien aprovechó la ocasión para anunciar diversas acciones que su gobierno tomará en materia de vivienda.

El evento, patrocinado por la Fundación para la Vivienda Cooperativa (CHF) y la Federación Hondureña de Cooperativas de Vivienda Limitada (FEHCOVIL), contó con la asistencia de numerosos personeros del gobierno, la empresa privada, cuerpo diplomático y sectores cooperativistas.

El presidente Azcona indicó que en la presente administración serán ejecutados varios proyectos habitacionales a partir de una POLITICA NACIONAL DE VIVIENNDA que involucrará al gobierno, la empresa privada y las comunidades sin techo ni empleo.

En ese sentido, recordó que la Agencia Internacional para el Desarrollo Internacional (AID) ha aprobado más de 70 millones de lempiras para proyectos de viviendas y que ha girado instrucciones para que se delineen planes de acción para aprovechar las experiencias de las cooperativas, patronatos y otros sectores de la comunidad.

"Estoy instruyendo a los integrantes del Comité Nacional de Vivienda para que, aprovechando los recursos recientemente habilitados, preparen los lineamientos para realizar un esfuerzo intensivo de inversión en viviendas y en generación de empleos", indicó el mandatario.

Azcona pidió el apoyo de sus colegas, los ingenieros, de los arquitectos y de la empresa privada para que les den su respaldo a los programas encaminados a favorecer a los sectores de menores ingresos ya se a través del cooperativismo y la auto ayuda.

"Necesitamos identificar cuáles son los sectores menos favorecidos de nuestra sociedad para captar nuevas fuentes de financiamiento", añadió.

Por su parte, el embajador norteamericano, Everett Briggs, resaltó el esfuerzo de las entidades que se dedican a la construcción de viviendas en América Central y prometió que su gobierno continuará respaldando esos esfuerzos.

Otro de los expositores, el presidente del Consejo de Administración de FEHCOVIL, Leónidas Ávila Chávez, dijo que esa organización defiende la democracia participativa e incentiva el trabajo colectivo sin fines de lucro.

Dean elogió la actitud del presidente Azcona con respecto a la política habitacional y en igual sentido se manifestó el representante de las Naciones Unidas, Ricardo Tichauer, quien ofreció el apoyo de la organización mundial en el Año Internacional de la Vivienda para las Personas sin Hogar.

*En los proyectos gubernamentales para construir viviendas participarán el sector privado y la comunidad anunció Azcona en la Conferencia Techo y Trabajo inaugurada ayer. (Foto Herrera).

Fe y devoción en el Día de la Virgen de Suyapa

La solemne celebración religiosa en la nueva Basílica de Nuestra Señora de Suyapa, reunió ayer a millares de fieles que expresaron su fe en la activa participación en los actos litúrgicos. El Presidente de la República, ingeniero José Azcona, y el jefe de las Fuerzas Armadas, general Humberto Regalado Hernández, se unieron a la feligresía en la ceremonia. En las gráficas, el mandatario y el jefe militar contemplan la imagen; vista de los obispos y sacerdotes que celebraron en la eucaristía. (*Foto Toledo*). Inf. Pág. 3

La Prensa / **4 de febrero de 1987**

EUA promete interceder con problema de los refugiados

El gobierno de Estados Unidos intercederá ante Guatemala y El Salvador para que repatrien los refugiados que tienen en Honduras, prometió ayer en Tegucigalpa el Coordinador de Refugiados del Departamento de Estado, Jonathan Moore.

El funcionario se reunió en horas de la tarde con el presidente José Azcona Hoyo, el canciller Carlos López Contreras, el Comandante en Jefe de las Fuerzas Armadas, general Humberto Regalado Hernández, el embajador norteamericano, Everett Briggs, y el ministro de Gobernación, Raúl Elvir Colindres.

Este último señaló que la visita del funcionario norteamericano tuvo como propósito conocer la situación de los refugiados centroamericanos que se encuentran en Honduras y otros países de la región. Moore visitó también los campamentos de la zona oriental del país.

Elvir dijo que el gobierno de Honduras procura el traslado de unos 450 refugiados guatemaltecos que se encuentran en la comunidad de El Tesoro, departamento de Copán. En el caso de El Salvador, el número de refugiados sobrepasa los 20 mil.

El ministro de Gobernación añadió que la visita de Moore es importante porque "toma los puntos de vista nuestros y los transmite a los demás gobiernos del área para que nos ayuden a resolver el asunto".

La gira de Moore incluye a Costa Rica, Honduras y El Salvador, este último país con el cual "le interesa al gobierno de Honduras agilizar la política de refugiados salvadoreños hacia su nación de origen".

Con respecto a los refugiados nicaragüenses, el ministro Elvir señaló que si ellos quieren abandonar el territorio nacional en 24 horas "nosotros haríamos todo lo posible por ayudarles a que se fueran".

* El alto representante del gobierno norteamericano y el embajador de ese país se reunieron con el Presidente de la República y el jefe de las Fuerzas Armadas, ayer en la Casa de Gobierno. (Foto Salgado).

El Heraldo / **4 de febrero de 1987**

Azcona Hoyo:

"Puras tonterías" que EUA corrompa nuestra democracia

- *Mandatario confirma asistencia a cumbre en Costa Rica*

Los gobiernos de Estados Unidos y Honduras rechazaron ayer las acusaciones vertidas por varias organizaciones norteamericanas de Derechos Humanos, según las cuales la Administración Reagan corrompe al gobierno y al proceso democrático de Honduras.

Tanto el presidente José Azcona Hoyo como el embajador norteamericano, Everett Briggs, rechazaron tales conceptos, aunque se negaron a ahondar en sus apreciaciones sobre la posibilidad de que los Estados Unidos utilicen al gobierno de Honduras para impulsar su guerra contra Nicaragua.

Tras señalar que "ya no quiero hablar de esas cosas", el presidente Azcona sostuvo que ese tipo de acusaciones son "totalmente descabelladas" y constituyen "puras tonterías".

"El gobierno de Honduras no se está corrompiendo ni el gobierno de Estados Unidos está tratando de corromperlo", aseguró Azcona.

Por su parte, el embajador Briggs se limitó a decir que las acusaciones "son ridículas" y se negó a ofrecer una opinión más amplia sobre el particular.

Las acusaciones provienen de los Comités de Abogados Pro Derechos Humanos y Watch y se refieren concretamente a que civiles hondureños están siendo desplazados de las áreas donde operan los contras y abusos de estos elementos contra civiles hondureños además de que se hostiga a quienes critican la utilización de Honduras para impulsar la política de los Estados Unidos en el área.

Irá a cumbre presidencial

El presidente José Azcona Hoyo confirmó ayer su asistencia a la reunión de presidentes centroamericanos que se llevará a cabo el 15 de febrero en San José, Costa Rica, con la exclusión del gobernante nicaragüense, Daniel Ortega Saavedra.

Azcona dijo que en la reunión únicamente estarán presentes los presidentes de Guatemala, Vinicio Cerezo; El Salvador, José Napoleón Duarte; Costa Rica, Oscar Arias Sánchez y el gobernante hondureño.

Añadió que su decisión de asistir a la cumbre regional no obedece a los resultados de su reciente entrevista con el vicepresidente de Guatemala, Jorge Carpio Nicolle, quien llegó a Honduras para promover la creación del Parlamento Centroamericano.

En referencia a su reciente reunión con el asesor de Seguridad Nacional del gobierno norteamericano, Frank Carlucci, el presidente se limitó a decir que se trataron asuntos referentes a los problemas de la región, sin ofrecer más detalles.

En el plano político nacional, el mandatario negó que esté promoviendo a candidato alguno para la presidencia del Consejo Central Ejecutivo del Partido Liberal, tal como lo han denunciado algunos aspirantes a ese cargo.

JOSE SIMON AZCONA

El Heraldo / **4 de febrero de 1987**

Sobre cumbre de mandatarios de C.A.

Presidente confirma su presencia a reunión de San José, Costa Rica

TEGUCIGALPA. - El presidente José Azcona, confirmó que viajará el próximo 15 de febrero a la capital de Costa Rica, para comparecer a una cumbre de mandatarios promovida por Oscar Arias, gobernante de ese país.

El anfitrión de la reunión y José Azcona, serán acompañados por los presidentes de Guatemala y El Salvador, Vinicio Cerezo y Napoleón Duarte, anunciándose que no ha sido invitado el presidente de Nicaragua, Daniel Ortega.

Azcona señaló que él ya había decidido asistir a la reunión y que la visita del vicepresidente de Guatemala, Roberto Carpio Nicole, no le había influenciado.

La cumbre de presidentes tiene como propósito estudiar la situación de Centro América y constituir otro intento de parte de los presidentes de la región por lograr la paz regional.

Los presidentes centroamericanos, incluyendo a Daniel Ortega, se reunieron por primera vez en Esquipulas, Guatemala, el año pasado.

Las pláticas entre José Azcona y Ortega fueron muy cordiales, aunque cada uno de los mandatarios dejó sentada su posición en el conflicto y las posibilidades de solución.

De la cita en Guatemala, Vinicio Cerezo decidió presentar la iniciativa de creación de un Parlamento Centroamericano, iniciándose varias reuniones que han estado a cargo de los vicepresidentes y designados presidenciales.

Pero la presentación de una demanda en contra de Honduras por parte de Nicaragua y la negativa del presidente Daniel Ortega, de retirarla, ha hecho fracasar la idea de reunir a los cinco países nuevamente.

Azcona ha dicho que, si Nicaragua no retira la demanda, Honduras no participará en el Parlamento.

La Prensa / **4 de febrero de 1987**

Responsable norteamericano: Problema de refugiados ha sido manejado con seriedad

El gobierno de Honduras ha manejado con seriedad y mucho afán el problema de los refugiados, expresó el presidente del Buró de refugiados del Departamento norteamericano de Estado, Jonathan Moore, tras reunirse con el mandatario José Azcona y el ministro de Gobernación y Justicia, Raúl Elvir Colindres.

Su objetivo, indicó, es "aprender acerca de los refugiados en Honduras", y con ese propósito también visitará El Salvador y Costa Rica.

Se abstuvo de responder si tiene, o piensa elaborar, algún plan de ayuda especial a partir de esta visita y se limitó a contestar que en sus pláticas con funcionarios hondureños ha quedado satisfecho.

El fin de semana visitó Colomoncagua y Mesa Grande y esta mañana irá a Danlí y por la tarde se trasladará a El Salvador.

En la Casa de Gobierno se reunió con el presidente Azcona, el canciller Carlos López, el ministro Elvir Colindres, el jefe de las Fuerzas Armadas, general Humberto Regalado, en presencia del Embajador norteamericano, Everett Briggs.

Mientras, en el diálogo en el Ministerio de Gobernación además de su titular Elvir Colindres, participaron el director general de Población y Política Migratoria, mayor Efraín Gutiérrez A.; el asesor de la Cancillería en materia de Refugiados, Leo Valladares y el coordinador de la Comisión Nacional para los Refugiados, coronel (R) Abraham García Turcios.

AYUDA IMPLICITA:

García Turcios manifestó que es factible que se reciba ayuda para lograr la repatriación voluntaria de algunos refugiados, aunque se descarta algún plan especial partiendo de que el Departamento de Estado asigna alrededor de 120 millones de dólares para asistir a ACNUR en sus tareas humanitarias en todo el mundo y, en forma implícita, se incluye a Honduras.

El coronel García Turcios apuntó que la cifra de refugiados se mantiene estable (47 mil) dado que los que han salido son sustituidos por nacidos en los campamentos o nuevos emigrados que se alojan en los lugares destinados para atenderlos.

Por el momento no hay perspectiva de que terceros países acepten a refugiados que permanecen en Honduras y que, en el caso de Canadá, sólo acepta a ciudadanos salvadoreños y guatemaltecos, a quienes no exige documentación alguna.

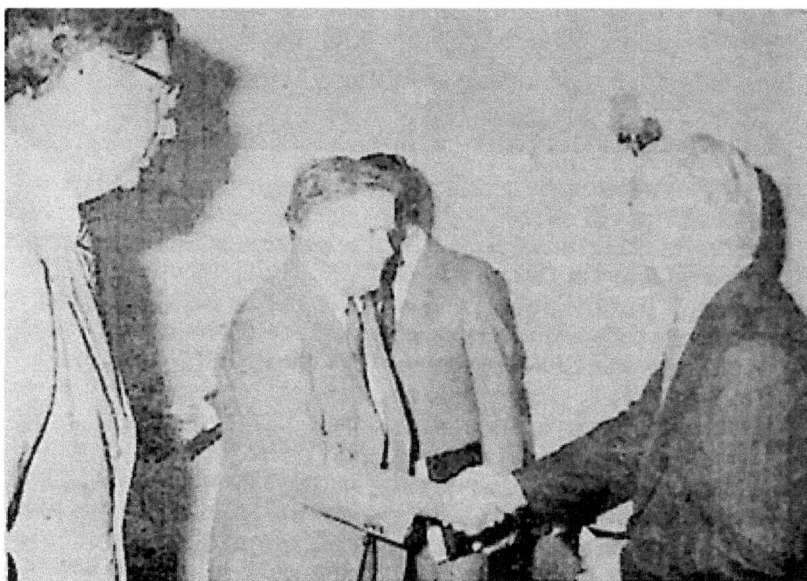

**El presidente del Buró de Refugiados del Departamento
Norteamericano de Estado, Jonathan Moore, es
recibido por el presidente José Azcona, en
presencia del embajador Everett Briggs.**

La Tribuna / **4 de febrero de 1987**

Gómez Andino: Azcona no politiza, pero sí sus colaboradores

TEGUCIGALPA. – El presidente José Azcona no se ha metido en política partidarista, pero sí algunos de sus colaboradores, manifestó el dirigente máximo del Consejo Hondureño de la Empresa Privada (COHEP), doctor Jorge Gómez Andino.

El empresario sostiene la certeza de que el gobernante está luchando para evitar que diputados y algunos de sus ministros distraigan su tiempo en las actividades de orden partidarista.

Gómez Andino ofreció sus observaciones en reacción a declaraciones formuladas por el presidente Azcona en el sentido de que su gobierno es "el menos politizado" que ha habido en Honduras.

"Si se refiere a la actitud de él, si, él si no actúa en política como lo hacía el doctor Roberto Suazo Córdova, hasta donde yo sé; pero otros miembros del gobierno si están actuando en política señaló.

Dijo que el 27 de diciembre de 1985, poco después que el Tribunal Nacional de Elecciones declarara presidente al ingeniero Azcona, el COHEP le presentó un documento sugiriendo "cómo debería construir su gabinete para que su gobierno fuera exitoso".

Agregó que el COHEP estaba consciente "de que es imposible para un gobierno nacido de una lucha tan intensa como la que libró el presidente llegar a la primera magistratura sin compromisos".

Pero, señaló, "nuestras aspiraciones y las del pueblo eran que su gabinete no debía estar constituido por personas que estuvieran señaladas por el dedo acusador del pueblo".

"Hombres que no estuvieran involucrados por asuntos políticos, y entendemos que el ingeniero Azcona hizo lo posible por cumplir con ese ideal, y estamos seguros que está interesado en cumplirlo, subrayó.

"Estamos conscientes —recalcó— que cuando se sube al poder uno llega cargado de compromisos políticos y económicos y que de alguna manera tiene que hacerle honor a esos compromisos".

No obstante, Gómez Andino dijo que el COHEP confía en que "el presidente hará una evaluación periodística de su personal". (NL).

Tiempo / 5 de febrero de 1987

Coordinador de EE.UU. en asunto de refugiados se reunió con Azcona

TEGUCIGALPA. – A pesar de permanecer en el país desde hace cuatro días, los periodistas no lograron hablar con Jonathan Moore, coordinador para Asuntos de Refugiados del Departamento de Estados Unidos, y lo mismo sucedió ayer tarde en la reunión de más alto nivel protagonizada con el Presidente de la República y el Comandante en Jefe de las Fuerzas Armadas.

El señor Moore, quien abandonará Honduras, hoy, examinó con distintos representantes nacionales la situación en que se desenvuelven aproximadamente 50 mil refugiados residentes temporalmente en distintas partes del país, por asuntos políticos.

Para conocer ese asunto, cambió impresiones con Waldo Villalpando, representante del Alto Comisionado de las Naciones Unidas para los Refugiados, con el ministro de Gobernación, Raúl Elvir Colindres y ayer lo hizo con el presidente José Simón Azcona, y el General de Brigada Humberto Regalado Hernández.

Voceros de la embajada de Estados Unidos en Tegucigalpa informaron que el señor Moore visitó los campos en Jacaleapa y Teupasenti, en la región oriental, ocupada por nicaragüenses que han huido del régimen de Managua, Mesa Grande y Colomongacua, en el occidente donde permanecen salvadoreños y guatemaltecos.

Tema del cambio de impresiones con Azcona y Regalado Hernández, habrían sido, dijeron fuentes serias, el presupuesto que se necesita este año para hacer frente a las crecientes necesidades entre los refugiados, el eventual traslado de muchos de ellos por voluntad propia a sus países de origen y los criterios que mantienen la actual administración en torno a lo que representa para nuestra endeble economía.

En el orden acostumbrado aparecen el embajador Everett Briggs, Jonathan Moore, coordinador para Asuntos de Refugiados del Departamento de Estado, una funcionaria de la misma representación diplomática, el Presidente de la República, José Simón Azcona y el Comandante en Jefe de las Fuerzas Armadas, Humberto Regalado Hernández. (Foto Daniel Toledo).

La Prensa / 5 de febrero de 1987

CENA DE GALA PRESIDENCIAL EN SAN PEDRO SULA

Por primera vez, se realizará en esta ciudad la cena de gala con la presencia del ingeniero José Azcona Hoy y su esposa Miriam B. de Azcona, la misma será este 14 de febrero en el Hotel Copantl-Sula.

Esta cena es organizada por la señora Miriam de Rosenthal y es el propósito de recaudar fondos para los centros de asistencia social que tiene la Junta Nacional de Bienestar Social que hay en la ciudad, los cuales necesitan de una atención especial debido a la gran proliferación de problemas sociales entre los niños y la juventud.

La Prensa / **5 de febrero de 1987**

(Para construir viviendas)

Préstamo por Lps. un millón 200 mil presta INVA al SITRATERCO

TEGUCIGALPA. – Un convenio de préstamo para la construcción de vivienda valorado en un millón 200 mil lempiras que beneficiará a los afiliados del Sindicado de Trabajadores de la Tela Railroad Company (SITRATERCO), suscribió ayer el gobierno a través de INVA con la dirigencia del sindicato.

El presidente del SITRATERCO, Luis Santos Yánez, firma junto al mandatario José Azcona Hoyo el convenio mediante el cual el gobierno financiará la construcción de viviendas por parte de esa organización sindical.

La firma del contrato fue realizada en presencia del Presidente de la República, José Azcona Hoyo, quien ayer mismo entregó al grupo sindical un primer desembolso equivalente a 240 mil lempiras.

Las viviendas serán construidas en las ciudades de Tela y Puerto Cortés, pero tanto el terreno como las casas estarán hipotecadas con el INVA, mientras se concluya de pagar todas las amortizaciones de 17 mil 606 lempiras con 94 centavos, que se harán cada mes con un recargo del 12 por ciento de interés anual.

Por parte del SITRATERCO firmó su presidente Luis Yánez y por el Instituto de la Vivienda su gerente Mario Raúl Pinto Erazo. El crédito pactado tendrá un vencimiento de diez años, incluyendo cinco meses de gracia, tiempo durante el cual el SITRATERCO pagará únicamente intereses sobre saldos insolutos, de acuerdo al contrato conocido ayer.

Según este contrato el préstamo se hizo en base al artículo tercero, inciso "D" de la ley del INVA que dice que deberá "conceder créditos para la construcción de viviendas de interés social", y en función al artículo 53 de la ley orgánica del presupuesto.

El gerente del INVA puntualizó que serán construidas 60 viviendas en cada una de las ciudades beneficiadas, pero no precisó cuál será su costo real.

La Prensa / 5 de febrero de 1987

Embajador peruano presenta credenciales

TEGUCIGALPA. – El nuevo embajador de Perú en Honduras, Jaime Castro Mendevil, presentó ayer sus cartas credenciales ante el presidente José Azcona Hoyo.

El nuevo diplomático de carrera sustituye en el cargo a Jorge Vega Mohrmahn, quien pereció en su propia residencia en esta ciudad el año pasado, lo que, de acuerdo a informaciones conocidas en ese momento, se trató de un suicidio.

Antes de presentar sus cartas credenciales ante el mandatario, el nuevo representante del gobierno de Allan García, había presentado copias ante el ministro de Relaciones Exteriores, Carlos López Contreras.

Castro Mendevil, de 62 años, ha desempeñado diversos cargos en la cancillería de su país y en el exterior ha sido encargado de negocios en Zambia, Haití y Rumania.

En las ciudades de Londres, Chicago, New Orleans, Ámsterdam, Hamburgo, New York, Gutemburgo y Liverpool, ha ocupado el cargo de cónsul general.

El nuevo embajador de Perú en Honduras, Jaime Castro, entrega sus cartas credenciales al presidente Azcona en la presencia del canciller López Contreras. (Foto de Daniel Toledo).

La Prensa / 5 de febrero de 1987

AFLORA "ZIPIZAPE" ENTRE AZCONA Y CONGRESISTAS DEMOCRATAS DE EUA

WASHINGTON, (EFE).- Una delegación de congresistas de EE.UU enfureció tanto al Presidente de Honduras, José Azcona, que el Departamento de Estado de Norteamérica ha instruido a sus embajadas en Centroamérica para que recuerden a los congresistas que no son ellos los que dictaminan la política exterior de su país.

El "Washington Times" informó ayer que el Departamento de Estado ha dado esas instrucciones a las embajadas, molesto por las críticas a la política norteamericana que hacen los congresistas estadounidenses cuando visitan esa región.

El diario conservador señala que esas instrucciones se deben a las polémicas causadas por las visitas a Honduras del senador demócrata, Christopher Dodd, en diciembre pasado la de los congresistas demócratas Joseph Brennan, Thomas Foglietta, Jim Moody y Jim Slattery en enero pasado.

Dodd molestó al gobierno hondureño cuando dijo en una rueda de prensa en Tegucigalpa, según el diario, que el futuro de los contras debe ser decidido por Honduras, porque los rebeldes están en ese país y no en Estados Unidos.

El Washington Times dice que esa declaración motivó que el presidente Azcona llamara a la embajada norteamericana para saber el significado y recuerda el diario que los hondureños temen que Estados Unidos abandone a los contras y que sea su país el que asuma ese riesgo.

Pero fue la visita de los cuatro congresistas la que motivó una mayor controversia y una serie de intercambios de cables entre la embajada y el Departamento de Estado.

Me extraña que Azcona no nos haya declarado la guerra, comentó al diario un funcionario de la embajada norteamericana, en Managua, después de leer el intercambio de cables que describían la confrontación entre el presidente hondureño y la delegación.

En un cable al Departamento de Estado, el nuevo embajador norteamericano en Tegucigalpa, Everett Briggs, describió como marcadamente hostil la actitud de los cuatro congresistas durante la entrevista de dos horas que les concedió Azcona.

Según Briggs, la tensión llegó al máximo cuando uno de ellos le dijo a Azcona que ahora comprendía porqué temían tanto a los sandinistas, dada la pobreza de Honduras que lo hace ser tan vulnerable.

Por lo menos tendrá que admitir que, en comparación con Honduras, los sandinistas han mejorado el bienestar de los nicaragüenses, dice el embajador que dijo el congresista.

El presidente hondureño, visiblemente molesto, según el embajador, contestó que entendía que todos los presentes era demócratas y que creían en el sistema democrático.

Azcona, furioso por la sugerencia de que su país necesitaba lecciones de democracia por parte de un congresista norteamericano, interrumpió la traducción de las palabras de Foglietta y dio por terminada la reunión.

La embajada norteamericana llegó al límite de la paciencia, según el diario, con una rueda de prensa que se celebró posteriormente y por las declaraciones anti-hondureñas de un concejal de filadelfia, Ángel Ortiz, que se hacía pasar como portavoz de Foglietta.

Según Ortíz, el territorio hondureño ha sido conquistado por los contras y la política exterior de ese está equivocada porque está ayudando a subvertir a un país hermano, Nicaragua.

Azcona, profundamente molesto por la visita, criticó a la delegación en dos ocasiones durante la siguiente semana, y especialmente a Ortiz, de quien dijo que no tenía ni el rango de congresista y ni menos que eso.

El Heraldo / 5 de febrero de 1987

Ante Abrams y Habib

Senador Dood protesta porque Briggs le impidió hablar a solas con Azcona

WASHINGTON, Feb. 5 (AFP).- La mayoría de los miembros del Comité de Relaciones Exteriores del Senado fustigaron hoy la política de la Administración Reagan hacia Nicaragua, en particular la ayuda a los contras, a una semana del inicio del debate sobre un proyecto de ley tendiente a cortarla.

La audiencia de hoy puso de manifiesto que la división del Congreso entorno a la ayuda militar a los contras fue exacerbada en las últimas semanas por las divisiones internas que emergieron entre el liderazgo antisandinista, el creciente escepticismo hacia la capacidad militar de los contras y la desconfianza en la administración que generó el escándalo Irán-contras.

El presidente del Subcomité de Asuntos del Hemisferio Occidental del Senado, el demócrata Cristopher Dodd, de Connecticut, cuestionó "la credibilidad de una política por la cual la nación primariamente responsable de apoyar a los "contras" se niega a mantener cualquier contacto con el país en el que busca una solución negociada" (Nicaragua).

Dodd preguntó a los dos testigos, el enviado especial para Centroamérica Philip Habib y al secretario de Estado Adjunto para Asuntos Interamericanos Elliot Abrams, cuántas veces visitaron Nicaragua. El primero respondió que nunca, el segundo que una sola vez, cuando era responsable para los Derechos Humanos del Departamento de Estado.

Dodd copatrocina un proyecto de ley por el cual el Congreso norteamericano cortaría la entrega de los 40 millones de dólares restantes en asistencia militar a los contras, cortaría la ayuda norteamericana a terceros países que asista a los contras, y asignaría 300 millones de dólares en asistencia a Costa Rica, El Salvador, Honduras y Guatemala.

Aunque el proyecto podría ser aprobado por el nuevo Congreso demócrata, el presidente Ronald Reagan ya anunció que lo vetaría y los demócratas no cuentan con votos suficientes para levantar el veto.

Abrams dijo que la administración pedirá el próximo 19 de febrero los 40 millones de dólares ya aprobados en el paquete de ayuda militar de 100 millones de dólares, y afirmó que con asistencia continuaba los contras podrían forzar a los sandinistas a negociar en un plazo de dos a cuatro años.

Habib, por su parte, indicó que EE.UU. no negocia con Nicaragua porque los sandinistas quieren transformar el conflicto en un problema bilateral con EE.UU. y "es importante que los sandinistas se den cuenta que tienen que tratar con su propio pueblo".

El senador demócrata John Kerry de Massachusetts sostuvo que la política de la administración "da licencia a los sandinistas para aumentar el apoyo que reciben de Cuba y la URSS y da por sentada la inevitabilidad de un conflicto más amplio". Afirmó que no existe un "sincero esfuerzo concertado de paz".

Interrogado sobre la anunciada intención de renunciar del líder "contra" Arturo Cruz, Abrams dijo que no aceptaba la caracterización de que el liderazgo contra está dividido. "Nosotros estamos más divididos que ellos", enfatizó.

Kerry interrogó con insistencia a Abrams sobre su papel en el pedido de fondos a terceros países para los contras, sobre el destino de los 10 millones de dólares obtenidos del Sultanato de Brunei y sobre la posible mezcla de ayuda humanitaria del Departamento de Estado con ayuda militar de otras fuentes en aviones contratados por EE.UU. durante un periodo en que el Congreso había prohibido este último tipo de ayuda.

Abrams dijo saber de otro país al que el Departamento de Estado pidió fondos para los contras, pero declinó revelar su nombre en audiencia pública. Dijo que consultaría sobre la posibilidad de informar al Congreso al respecto, así como sobre otros dos países a los que la administración formuló pedidos similares.

También dijo que ignoraba el destino que tuvieron finalmente los 10 millones de dólares donados por el Sultán de Brunei y negó que se hubiera mezclado ayuda humanitaria y militar en aviones contratados por el Departamento de Estado.

Abrams dijo que los contras seguirán una estrategia de guerra de guerrillas y no intentarán controlar territorio.

Habib, por su parte, negó carecer del apoyo de la Casa Blanca y dijo que si discrepaba con la política de la administración le quedaban dos caminos, intentar influir en un cambio de política desde dentro o renunciar.

Con respecto a la iniciativa de paz, alternativa que intenta lanzar el presidente de Costa Rica, Oscar Arias, el próximo 15 de febrero, Habib dijo que él y Abrams recomendaron al canciller de ese país, Rodrigo Madrigal, "asegurar la unidad de los cuatro centroamericanos y no abdicar de Contadora".

Afirmó que había que mantener un "proceso de paz viable y digno de crédito al cual puedan recurrir los sandinistas llegado el caso".

En fin, Dodd protestó porque en su última gira por América Central el embajador norteamericano en Honduras (Everett Briggs) le impidió reunirse a solas con el presidente José Azcona aduciendo tener órdenes precisas al respecto.

Abrams dijo que el Departamento de Estado desalienta tales reuniones porque dan la impresión de que EE.UU. tiene "múltiples voces", pero negó que existiera un cable prohibiéndolas expresamente.

La Tribuna / 6 de febrero de 1987

Alcalde de Nueva Orleans se entrevista con Azcona

TEGUCIGALPA. – Un grupo de inversionistas de los Estados Unidos, encabezados por el alcalde de Nueva Orleans, Sidney Barthelemy, se entrevistó anoche con el presidente José Azcona Hoyo, para conocer las posibilidades de invertir en Honduras e invitarlo para que asista a una conferencia sobre la situación de Centroamérica, que se llevará a cabo en aquella ciudad del 12 al 19 de junio.

El presidente Azcona dijo que asistirá a la conferencia en la cual participarían también los mandatarios de Guatemala, Costa Rica y El Salvador.

Dicha conferencia tendrá como propósito analizar los problemas políticos, económicos y sociales de Centroamérica y ver la forma de incrementar las relaciones comerciales con los Estados Unidos. (TDG).

Tiempo / 6 de febrero de 1987

Lps. 70 millones otorgará el BCIE a gobierno de J. Azcona

TEGUCIGALPA. Un financiamiento de aproximadamente 70 millones de lempiras podría otorgar a Honduras el Banco Centroamericano de Integración Económica (BCIE), para la ejecución de un programa de vivienda y reacondicionamiento de carreteras.

Las autoridades del BCIE se reunieron ayer con el presidente José Azcona Hoyo, para informarle sobre las perspectivas de financiamiento de esa institución bancaria para algunos proyectos de desarrollo de Honduras.

El presidente del BCIE, Dante Gabriel Ramírez, dijo que Honduras mantiene en el BCIE un financiamiento de primera línea, "es decir, es el país que recibe en este momento un poco más de financiamiento que los restantes países del área, un 25 por ciento del total, cuando matemáticamente debería ser un 20 por ciento", explicó.

Indicó que el presidente Azcona está sumamente interesado en la construcción de viviendas e infraestructura en general, "y hemos venido a ver qué es lo que nosotros podemos hacer en apoyo de esos proyectos gubernamentales", agregó.

Señaló que el BCIE tiene interés en conceder un financiamiento de unos 15 millones de dólares para la primera etapa de un programa de viviendas de bajo costo, y "quizás podamos apoyar la segunda fase, dependiendo de la solicitud que nos haga y del grado de precisión de factibilidad que tenga el proyecto", expresó.

Asimismo, dijo que, para el proyecto de reacondicionamiento de carreteras, el BCIE, podría otorgar aproximadamente 20 millones de dólares, que incluiría el mejoramiento de las carreteras del Valle de Comayagua, Taulabé-Santa Bárbara y completar la carretera de La Guama-El Caracol. (TDG).

Tiempo / 6 de febrero de 1987

Azcona estará en La Ceiba el 17 de febrero

LA CEIBA. – El próximo 17 de febrero se ha anunciado, que el presidente de la nación Ing. José Simón Azcona, estará de visita en La Ceiba, para inspeccionar algunos proyectos que tiene en marcha el gobierno.

La información fue dada a los medios radiales locales por el diputado suplente Eduardo Wolmers, que dialogará con el mandatario en la casa de gobierno hasta donde había llegado para informarle sobre una serie de actividades de la región del litoral atlántico.

El político hizo ver que la llegada estaba programada para esa fecha y que dentro del recorrido se contemplaba la vista al paralizado proyecto del rompeolas que, se cree, continuará su realización ahora que se han hecho algunos estudios sobre el particular. Supervisará la construcción del puente de Higuerito, así como los trabajadores de pavimentación de la carretera que, de La Ceiba, empalma con el Bajo Aguán.

Es casi seguro que anuncie el inicio de los trabajos del sistema de aguas negras del barrio la isla, donde los trabajos de levantamiento topográfico llevan un ritmo acelerado, porque también por este sector pasará la avenida de circunvalación que bordeará la ciudad para evitar el congestionamiento del tráfico en el centro de la urbe.

Se cree que también, aprovechamos su visita cambiará impresiones con los funcionarios regionales y autoridades locales.

La Prensa / 6 de febrero de 1987

Azcona declara Monumento Nacional "La Merced" y sus zonas adyacentes

El presidente Azcona Hoyo, declaró Monumento Nacional el inmueble, las edificaciones adyacentes y los patios del Antiguo Convento de La Merced, lo que podría frustrar las intenciones del Congreso Nacional de apropiarse de las oficinas que ocupa el Ministerio de Cultura y Turismo.

Mediante Acuerdo número 289, el mandatario decidió la Declaratoria de Monumento Nacional en base al Artículo 172 de la Constitución de la República, que se refiere a la necesidad de preservar las riquezas históricas de la nación.

El área que abarca el Acuerdo comprende la Iglesia de la Merced, varias propiedades particulares y el inmueble que ocupa el Congreso Nacional, además de la Plaza La Merced que también ha sido declarada Monumento Nacional y que recobrará el estilo que tenía en el Siglo XVII.

La decisión del gobernante podría frustrar las aspiraciones de la Comisión Permanente del Congreso Nacional, que acordó recientemente expropiar el local de Cultura y Turismo para destinarlo al uso de las oficinas administrativas del Poder Legislativo.

El Acuerdo Presidencial garantiza la plena validez del Convenio de Comodato que suscribieron en julio de 1977 el Ministerio de Cultura y Turismo y la Universidad Nacional Autónoma de Honduras, por lo que el Congreso no podría hacerse del inmueble.

Según el acuerdo, la sección colonial del Convento de La Merced albergará en breve al Museo de Arqueología, la Galería Nacional de Arte y un Salón de Usos Múltiples de la UNAH.

* **Edificio antiguo convento La Merced que ha sido declarado Monumento Nacional por el Poder Ejecutivo. La medida ha detenido las pretensiones del Congreso Nacional de ampliar sus instalaciones.** (Foto Archivo).

El Heraldo / **6 de febrero de 1987**

Más de medio millón perdió la ANBI con huelga del SITRATERCO

TEGUCIGALPA. – La Asociación Nacional de Bananeros Independientes (ANBI), pidió ayer el gobierno que se le reconozcan las pérdidas de 610 mil lempiras que les ocasionó la reciente huelga del Sindicato Trabajadores de la Tela Railroad Company (SITRATERCO).

El presidente de la agrupación, Víctor Manuel Mejía, puntualizó que la huelga produjo el daño de aproximadamente 190 mil racimos de banano que representan 218 cajas que no se exportaron.

La ANBI también solicitó al mandatario que les condone una deuda que tienen con el Instituto Hondureño de Seguridad Social y que se les acepte el pago de la misma a partir de enero del presente año.

Mejía agregó que sus compañeros pasan dificultades porque no tienen acceso a los préstamos blandos, y solicitaron que interceda para que se les otorguen préstamos a plazos de seis años y con un adecuado período de gracia.

Informaron que el presidente se mostró receptivo con sus problemas y les prometió solucionarlos en la medida de sus posibilidades.

* Dirigentes de la Asociación Nacional de Bananeros Independientes se reunieron con el Presidente de la República, ingeniero José Simón Azcona. (Foto Daniel Toledo).

La Prensa / **7 de febrero de 1987**

Estudiantes visitan Casa Presidencial

TEGUCIGALPA. – Un grupo de estudiantes de la Escuela Internacional Sampedrana se entrevistaron ayer con el presidente Azcona, su secretario privado William Hall Rivera, y el designado presidencial Alfredo Fortín Inestroza.

Los educandos, que informaron pertenecer al último año de Bachillerato, llegaron con el fin de conocer cómo está manejando el mandatario los principales problemas del país, conocer las instalaciones físicas de casa presidencial.

Expresaron que les interesaba saber de boca del Presidente la forma en que se está conduciendo la política exterior, porque en sus clases "problemas latinoamericanos" los maestros le exigen investigar sobre el tema.

Estudiantes de la Escuela Internacional Sampedrana mostraron su preocupación sobre el contrabando y los contrarrevolucionarios en Honduras, cuando visitaban al presidente Azcona Hoyo. (Foto Daniel Toledo).

La Prensa / **7 de febrero de 1987**

Nuevo embajador peruano presentó credenciales

En un acto muy especial realizado la presente semana en el Salón Rosado de la Casa Presidencial el nuevo embajador de Perú en Honduras, Jaime Castro Mendevil, presentó sus cartas credenciales ante el presidente de nuestro país, ingeniero José Azcona Hoyo.

El distinguido diplomático peruano trajo al Presidente Azcona los saludos de hermandad de su pueblo y gobierno y los deseos porque los lazos de amistad entre ambos países se mantenga.

Castro Mendevil ha ocupado importantes cargos diplomáticos en varios países del mundo.

*Primer plano del nuevo embajador de Perú en Honduras Jaime Castro Mendevil. FOTOS SALGADO/EL HERALDO

* Momentos en que el nuevo diplomático peruano presentaba sus cartas credenciales al mandatario hondureño.

El Heraldo / **7 de febrero de 1987**

Bananeros piden al Presidente cargar con pérdidas de huelga

TEGUCIGALPA. Los Directivos de la Asociación Nacional de Bananeros Independientes (ANABI), se reunieron ayer con el presidente José Azcona Hoyo, para solicitarle que el gobierno reconozca las pérdidas que por un monto de 610 mil lempiras obtuvieron los productores independientes de banano de Higuerito, Yoro, en la reciente huelga del Sindicato Trabajadores de la Tela Railroad Company (SITRATERCO).

El presidente de la ANABI, Héctor Manuel Mejía Gómez, dijo que con la huelga de SITRATERCO los productores independientes de Higuerito perdieron 190 mil racimos de banano, equivalente a 218 mil cajas, "por lo que nosotros dejamos de obtener 610 mil lempiras, y el Estado dejó de percibir los impuestos por exportación de esa fruta, pues los sindicalistas no se fijaron en eso y sólo buscaron solucionar sus problemas", agregó.

Asimismo, indicó que al presidente Azcona le plantearon la necesidad de que condene la deuda del año pasado que la ANABI tiene con el Instituto Hondureño de Seguridad Social (IHSS) y que busque la forma de que los bancos concedan préstamos a los productores independientes a un plazo mayor de un año, para mejorar las plantaciones de banano.

Por otro lado, dijo que los 81 productores independientes de Higuerito pretenden comprar a la Tela Railroad Company las instalaciones que ocupan desde 1954, para reducir los costos de operaciones y pagar mejores salarios a los trabajadores.

Mejía expresó que el presidente Azcona está anuente a contribuir a resolver los problemas que enfrentan los productores independientes de banano, y que en una próxima reunión les tendrá una respuesta favorable. (TDG).

Tiempo / 7 de febrero de 1987

Presentan plan de gobierno a Azcona

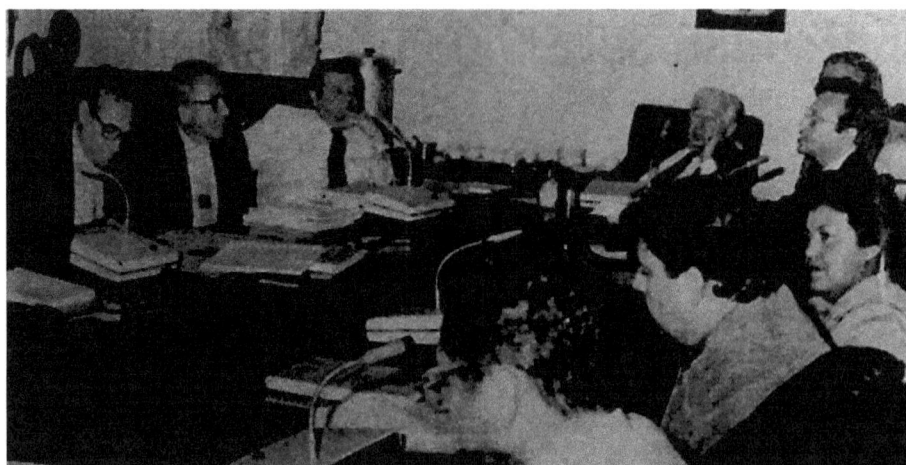

El Presidente de la República, José Azcona, recibió ayer en Consejo de Ministros el Plan Nacional de Desarrollo (PND) que será puesto en práctica durante su gestión administrativa. Ayer tarde el mandatario y el Gabinete de Gobierno en pleno comenzaron a realizar el análisis correspondiente de todos los aspectos que abarca ese instrumento de trabajo.

El ministro de Planificación, Coordinación y Presupuesto, Francisco Figueroa, se encargó de dar lectura al documento mencionado e hizo una exposición de los objetivos a realizar durante el mandato del Presidente Azcona. Figueroa se hizo acompañar de todo su equipo de trabajo y en el desarrollo de la reunión, dirigida por el gobernante, tuvieron participación activa de todos los ministros que conforman el poder ejecutivo

El Heraldo / **7 de febrero de 1987**

Los Reina se reúnen con Azcona

TEGUCIGALPA. – El abogado Carlos Roberto Reina se reunió ayer en la tarde con el presidente José Azcona Hoyo, para informarle de los temas que se tratarán en la Corte Internacional de Justicia sobre el problema limítrofe con El Salvador y dialogar acerca de la reunión de la "vieja guardia" del Partido Liberal que se llevará a cabo hoy en Támara, Francisco Morazán.

El conocido líder liberal, que se hizo acompañar de su hermano Jorge Arturo, dijo que el martes próximo partirá para La Haya, en donde permanecerá hasta fines de este mes para hacer los preparativos del juicio sobre el diferendo limítrofe con El Salvador, "y he venido a despedirme del Presidente de la República e informarle de los temas en detalle que vamos a tratar en esa sesión", expresó.

Indicó que con el presidente Azcona habló también sobre que la necesidad de la unidad de Partido Liberal "es indispensable y coincidimos totalmente en la necesidad de esforzarnos para la unidad del Partido Liberal".

"Si el Partido Liberal no se une, es muy difícil ganarle al adversario tradicional, entonces, la orden del día para el Partido Liberal es unir las bases del liberalismo", agregó.

Señaló que en la reunión de la "vieja guardia" del Partido Liberal, en la cual participará él también, es probable que surjan ideas encaminadas la unidad del liberalismo.

Carlos Roberto Reina negó que la "vieja guardia" le haya propuesto lanzarlo como candidato único del Partido Liberal; sin embargo, reiteró que "yo aceptaría que mi nombre fuera utilizado para unir al Partido Liberal, si esa tesis es verdadera, yo lo acepto, si no yo permanezco en La Haya, donde tengo muy grandes responsabilidades frente a mi patria". (TDG)

Tiempo / **7 de febrero de 1987**

Despide Azcona al defensor en La Haya

El presidente José Azcona se despidió ayer del abogado Carlos Roberto Reina, quien viajará el martes próximo a La Haya, Holanda, para asumir la defensa de Honduras en el caso del diferendo fronterizo con El Salvador, que será resuelto a través de la Corte Internacional de Justicia.

Reina se reunió con el mandatario en compañía de su hermano Jorge Arturo. "Vine a informarle al presidente de la República los primeros pasos que daremos en la Corte Internacional de Justicia para defender las reclamaciones territoriales de Honduras frente a El Salvador", señaló.

"El presidente nos recibió con la gentileza de siempre, agregó, porque además de la amistad que le guardamos yo le tengo admiración por su legitimidad de mandatario, por su seriedad y por su honradez".

Dijo que lo que resta del presente mes lo pasará en La Haya y que en los primeros meses de marzo retornará al país para luego regresar en abril "y allá me quedaré por un período muy grande".

El presidente José Azcona sostuvo ayer un diálogo privado con los hermanos Carlos Roberto y Jorge Arturo Reina, al despedir al primero quien defenderá la posición de Honduras ante la Corte de La Haya.

La Tribuna / **7 de febrero de 1987**

CENA DE GALA EN EL HOTEL COPANTL

Grandes preparativos se están realizando para llevar a cabo con éxito la Cena de Gala Presidencial que tendrá verificativo el próximo 14 de febrero en la ciudad de San Pedro Sula.

El marco de tan magno evento, a beneficio de la Junta Nacional de Bienestar Social, será el Hotel Copantl Sula, por lo que la ciudadanía sampedrana se está preparando para asistir a este acto donde estarán presentes el ingeniero José Azcona y doña Miriam de Azcona.

El Heraldo / **7 de febrero de 1987**

Azcona y ministros reciben Plan Nacional de Desarrollo

COMUNICADO OFICIAL

El presidente de la República, José Azcona, recibió ayer en Consejo de Ministros el Plan Nacional de Desarrollo (PND) que será implementado durante su gestión administrativa.

Esta misma tarde (ayer) el mandatario y el Gabinete de Gobierno en pleno comenzó a realizar el análisis correspondiente de todos los aspectos que abarca ese ambicioso instrumento de trabajo (PND).

El ministro de Planificación, Coordinación y Presupuesto, Francisco Figueroa, se encargó de dar lectura al documento mencionado e hizo una exposición de los objetivos a realizar durante el mandato del presidente Azcona.

Figueroa se hizo acompañar de todo su equipo de trabajo y en el desarrollo de la reunión, dirigida por el gobernante, tuvieron participación activa todos los ministros que conforman el Poder Ejecutivo.

SECRETARIA DE PRENSA DE LA PRESIDENCIA DE LA REPUBLICA

NOTA: Los periodistas que cubren la Casa Presidencial no informaron del evento porque fueron sacados a empellones por el personal de seguridad.

La Tribuna / **7 de febrero de 1987**

Medio millón perdieron bananeros por huelga

Los bananeros independientes informaron ayer al presidente de la República de las pérdidas sufridas por la reciente huelga del SITRATERCO, que fueron calculadas en más de seiscientos mil lempiras. Los dirigentes de la ANBI además informaron de la mora que tienen los productores con el Seguro Social. En la gráfica, el ingeniero Azcona saluda a la delegación al iniciar el diálogo. *(Foto Salinas. Inf. Pág. 3)*

La Prensa / **7 de febrero de 1987**

EL 14 DE FEBRERO CENA DE GALA PRESIDENCIAL

En el Salón Las Islas del Hotel Copantl Sula tendrá lugar el próximo 14 de febrero la CENA DE GALA PRESIDENCIAL que está siendo coordinada por doña Miriam de Rosenthal con el propósito de reunir fondos para la Junta Nacional de Bienestar Social.

Como invitados de honor asistirán el presidente José Azcona Hoyo y la primera dama Miriam Bocock de Azcona.

Existe mucho entusiasmo por asistir a esta importante actividad que por primera vez se realiza en esta ciudad y que estará amenizada por el Cuarteto de Violines de la Escuela de Música Victoriano López.

La Tribuna / **7 de febrero de 1987**

Encuentra eco campaña de TIEMPO Deportivo

Azcona Ayuda a "Vinagre"

El presidente de la República, ingeniero José Azcona, recibió ayer en Casa Presidencial a uno de los inmortales del fútbol hondureño, Máximo "Vinagre" Cárcamo, ofreciéndole su ayuda para mitigar en parte su penosa situación económica y de salud. El mandatario es uno de los primeros en responder a la campaña propiciada por TIEMPO. Observa Rodrigo Castillo, presidente de la FENAFUTH. Más información en páginas deportivas.

Tiempo / **10 de febrero de 1987**

Azcona inaugurará Cruzada contra Contrabando y Defraudación Fiscal

Los sectores público y privado se reunieron ayer nuevamente para planificar el inicio de la llamada Cruzada Nacional contra el contrabando y Defraudación Fiscal, en la cual se han unido diversos grupos para reducir el impacto que ejerce el comercio ilegal en la economía hondureña.

En los salones del Banco Central, por espacio de tres horas, estuvieron reunidos el ministro de Hacienda, Efraín Bú Girón, quien preside la comisión; delegados de los ministerios de Economía, Recursos Naturales, además de representantes de las centrales sindicales, del Consejo Hondureño de la Empresa Privada (COHEP), industriales, diputados del Congreso Nacional, de los medios de prensa y otros.

La cruzada se iniciará aproximadamente dentro de 15 días y la misma será inaugurada por el presidente José Azcona Hoyo, el Gabinete de Gobierno y los sectores involucrados en la misma.

De acuerdo a un plan elaborado por una agencia publicitaria, local, la cruzada tendrá tres fases: comparecencia del presidente Azcona Hoyo y sus ministros, donde expondrá la política y objetivos de la misma, luego se harán manifestaciones de apoyo de parte de los sectores a favor, así como ofrecimiento de contingentes humanos para su ejecución y, finalmente, la campaña publicitaria en la que se explicará los daños que hacen a la economía nacional las actividades ilegales.

Todos los sectores presentes coincidieron en que lo básico de la campaña será concientizar a la población de que los índices de contrabando y defraudación fiscal deben ser reducidos a lo mínimo.

El ministro Bú Girón, explicó que dentro de los actos de la cruzada se presentará un proyecto de la nueva Ley de Contrabando y Defraudación Fiscal, que sustituya a la actual, donde se incluirán las figuras delictivas y penas a los infractores.

Se acordó que la campaña o cruzada dará inicio cuando el presidente Azcona Hoyo estime conveniente, aunque la mayoría fijó como fecha máxima una quincena a partir de ayer.

*Funcionarios del gobierno y delegados de la empresa privada, organizaciones obreras y campesinas y de los medios de comunicación, se reunieron ayer para combatir el contrabando. (Foto Salgado).

El Heraldo / **10 de febrero de 1987**

"Vinagre" no seguirá pidiendo ayuda

Una de las glorias del fútbol hondureño, Máximo "Vinagre" Cárcamo, fue recibido con todo aprecio y simpatía ayer por el presidente de la República José Simón Azcona, en el palacio de gobierno, estando presente además Rodrigo Castillopresidente de la FENAFUTH, entregándole una ayuda primaria y la promesa de sacarlo de la miseria en que ha vivido. "Vinagre" ya no seguirá pidiendo ayuda hasta el día de su muerte; el presidente Azcona ha sido uno de los primeros en decir presente en la campaña de TIEMPO.

Tiempo / 10 de febrero de 1987

Criterio Popular

¡No caiga señor Presidente!

Según estaba escuchando durante el fin de semana ya hasta los más altos funcionarios se han enfrascado decididamente en el asunto de la política, más bien barata que constructiva, puesto que lo que realmente buscan es mantenerse en el poder.

No me parece que sea una buena determinación para la marcha del país el que los ministros y gerentes de instituciones autónomas se enfrasquen en esa pelea que puede ser muy cívica en ciertas ocasiones y con personas de altura, pero que puede y a veces llega a la más atroz degradación cuando la ambición del poder rompe todas las barreras. Es muy bonito eso de decir que en horas inhábiles no podrán dedicarse a las actividades partidaristas, pero bien conocemos que una cosa es la teoría y otra la práctica.

Además ¿quién asegura que los que no activen para jefe se mantendrán en sus puestos o podrán trabajar con ilusión cuando en las oficinas, el Congreso Nacional y en otras dependencias gubernamentales se comente, se hable y hasta se rinda pleitesía al jefe dirigente de turno? No señores. Quienes ocupan los altos cargos de la nación están a tiempo completo y me refiero las 24 horas del día, para servir a todos los hondureños, lo que no podrán hacer cuando tengan que atender las exigencias de sus parciales.

¡Ojalá que el señor presidente no caiga en la tentación de presentarse como protector, jefe o "padrino" de ninguna de las corrientes! Su misión como liberal y como hondureño la cumplirá en verdad en la medida en que logre una administración para el bien de todos y no porque conserve la silla presidencial para uno de sus correligionarios.

Faltan dos años para entrar de lleno en la campaña electoral y ya podemos darnos cuenta del mal que se hace a la nación cuando las aspiraciones brotan como hongos. ¡Ya está bien!

Para finalizar les expresaría que, si pudiesen ustedes investigar por medio de los periodistas el que tanta política y politiquero no tienen la finalidad de dar al traste con las elecciones municipales, pues al atraer la atención sobre lo que ahora sucede, nos olvidaremos que lo debería hacerse en realidad. Además, saturando el ambiente de actos políticos habrá muchos que inconscientemente rechacen la campaña electoral para alcaldes que ya debería estar en marcha.

Alfredo Bonilla L.

La Prensa / 10 de febrero de 1987

Preparan gira de Azcona por Europa e Israel

TEGUCIGALPA.- Se ha iniciado en esta capital los preparativos del viaje del presidente Azcona que lo llevará por España, Italia e Israel en los próximos meses.

Para tal efecto se reunieron el representante de la Organización de las Naciones Unidas para la Agricultura y la Alimentación (FAO), doctor Carlos Bastanchuri, el ministro de Recursos Naturales, Rodrigo Castillo Aguilar, el embajador de Honduras ante el gobierno italiano, Arturo López Luna, y el asesor técnico de Recursos Naturales, Ernesto Ochoa, para discutir los alineamientos que en materia de asistencia técnica y económica buscará el mandatario hondureño en su gira por Europa.

Específicamente se ha informado que el gobierno de Italia y la FAO han prometido apoyo para continuar desarrollando proyectos que en materia agrícola se ejecutan en el país, tal es caso del control de la mosca del mediterráneo, algunos aspectos forestales, así como la transformación de alimentos y otros.

Hasta ahora no se conoce la fecha de salida ni la agenda de trabajo que el mandatario desarrollará por Europa, pero de acuerdo a los puntos discutidos el presidente Azcona buscará principalmente apoyo económico para algunos proyectos que tienen prioridad.

Azcona Hoyo

La Prensa / **10 de febrero de 1987**

Preparan agenda de Azcona en su visita a Europa e Israel

Ya se iniciaron en esta capital los preparativos del viaje del presidente José Azcona a España, Italia e Israel, en los próximos meses.

Para tal efecto se reunieron el representante de la Organización de las Naciones Unidas para la Agricultura y la Alimentación (FAO), Carlos Bastanchuri, el ministro de Recursos Naturales, Rodrigo Castillo Aguilar, el embajador de Honduras ante el gobierno italiano, Arturo López Luna, y el asesor técnico de Recursos Naturales, Ernesto Ochoa, a fin de discutir los alineamientos que en materia de asistencia técnica y económica abordará el mandatario hondureño.

Específicamente se ha informado que el gobierno de Italia y la FAO han prometido apoyo para continuar desarrollando proyectos que en materia agrícola se ejecutan en el país, tal es caso del control de la mosca del mediterráneo, algunos aspectos forestales, así como la transformación de alimentos y otros.

Hasta ahora no se conoce la fecha de salida ni la agenda de trabajo que el mandatario desarrollará, pero de acuerdo a los puntos discutidos el presidente Azcona buscará principalmente apoyo económico para algunos proyectos prioritarios.

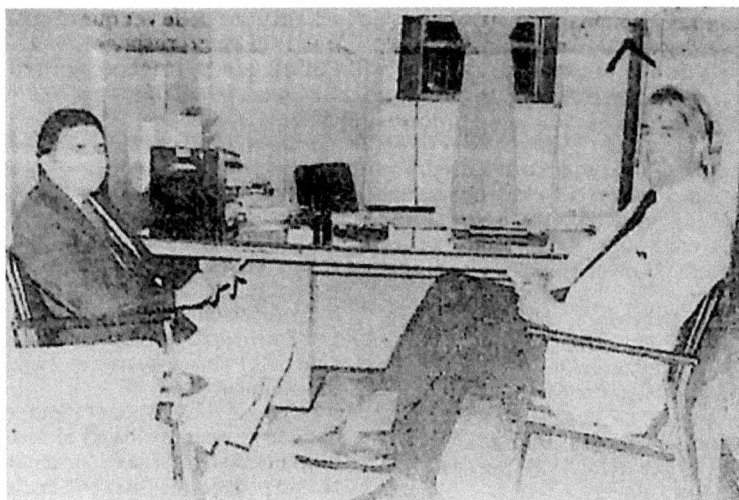

El representante de la FAO en Honduras, Carlos Bastanchuri y el ministro de Recursos Naturales, Rodrigo Castillo Aguilar, así como su equipo de asesores han empezado a delinear los puntos de agenda que el mandatario hondureño realizará por Europa e Israel.

La Tribuna / 10 de febrero de 1987

Tranquilidad impresiona a senadores de EE.UU.

TEGUCIGALPA.- Durante una hora dialogaron ayer el presidente José Azcona; el comandante en jefe de las Fuerzas Armadas, general Humberto Regalado Hernández, y el vice-canciller, Guillermo Cáceres Pineda, con cuatro senadores, dos republicanos y dos demócratas que según voceros de la Casa de Gobierno recorren Centroamérica con el fin de documentarse sobre la situación política prevaleciente.

En el cambio de impresiones estuvo presente, Robert Pastorino, encargado de Negocios de la Embajada de Estados Unidos en Honduras, siendo identificados los senadores como Pau Trebe y William Armpron (republicanos) y Terry Sanford, y Jim Saferry (demócratas).

Cáceres Pineda al hablar con los periodistas, luego de concluida la reunión, expresó que los senadores al igual que otros colegas suyos que nos visitaron en el reciente pasado, buscan información al más alto nivel sobre lo que ahora acontece en la región.

El vice-canciller aseveró que los senadores a través de Paul Trebble manifestaron estar bien impresionados, pues en el país hay tranquilidad y se han resuelto además varios problemas, entre ellos algunos de orden económico.

El diplomático afirmó que tanto el presidente como el comandante en jefe de las Fuerzas Armadas proporcionaron a los visitantes muchos detalles, coincidiendo ambos en que buscan y esperan una solución pacífica a los problemas de la zona y no usando la violencia.

Agrega que en ningún momento se habló de eventual asistencia militar norteamericana al país, como tampoco a los llamados contras, asunto sobre el cual en Estados Unidos existen posiciones encontradas, inclusive en el propio Senado.

El mandatario detalló los problemas económicos que enfrenta el país, especialmente la sensible baja de precios que el café adquirió durante los últimos meses en el mercado internacional, así como la amenazante elevación de los precios del petróleo.

El presidente José Azcona se prepara para recibir a los congresistas norteamericanos que realizan un viaje a Centroamérica. (Foto Daniel Toledo).

Tiempo / **11 de febrero de 1987**

****** EDITORIAL *****

El problema de la vivienda y el interés del gobierno

La crisis de vivienda en los países del tercer mundo no tiene fin, pues frente a la demanda de alojamiento y explosión demográfica existe una íntima relación, cuya brecha es todavía más imposible de cerrar con los escasos recursos económicos de que disponen los países subdesarrollados.

Honduras es, en este sentido, un típico ejemplo de país necesitado crecientemente de vivienda –sobre todo para la mayoría de familias, o sean las de escasos recursos económicos-, con un incremento anual de 3,6 por ciento de población y una ascendente tasa de desempleo que, hoy día, anda por el 45 por ciento del sector económicamente activo.

Consciente de esta lacerante realidad, que se maximiza también con el creciente flujo de población de las zonas rurales a las urbanas y que conforma en el presente una distribución del 55 por ciento rural y 45 por ciento urbano (en 1960 la población de Honduras era 69 por ciento rural y 31 por ciento urbana), el gobierno muestra sumo interés en enfrentar, en la medida de lo posible, este importantísimo problema.

El presidente de la República, ingeniero José Simón Azcona del Hoyo, al efecto inauguró a principios de este mes la II Conferencia del Programa de Techo y Trabajo para América Central, patrocinado dicho programa por la Fundación de la Vivienda Cooperativa, y con la asistencia del embajador norteamericano, señor Everett Briggs y los representantes de AID, señor John Sambrailo, y del PNUD, señor Ricardo Tichauer.

El presidente Azcona, que tiene experiencia en cooperativas de viviendas pues durante muchos años estuvo a la cabeza de la Federación de Cooperativas de Vivienda Limitada (FEHCOVIL), dijo en esa oportunidad que su gobierno está consciente del crecimiento desorbitado de nuestras ciudades y de las limitaciones existentes de los recursos económicos.

Agregó que "para el techo y el empleo es, precisamente, nuestra gente con su maravillosa disposición para trabajar y con el enorme potencial de organizarse en comunidades y grupos de acción". Al mismo tiempo indicó que con el apoyo de organismos externos de financiamiento, particularmente de la AID, "hemos asegurado recursos para invertir por montos superiores a los 70 millones de lempiras".

El embajador Briggs dijo en la Conferencia, por su parte, que el gobierno de los Estados Unidos ha dispuesto de 200 millones de dólares para programas de vivienda en América Central, "y esto se ha reforzado con más de 10 millones por medio de las cooperativas".

El interés del gobierno de Honduras y la existencia de fondos externos para atacar el problema de la vivienda son dos ingredientes que, bien coordinados y racionalmente empleados, pueden asegurar el éxito de esta empresa de invaluable contenido social, en la que se conjugan dos impactos: uno sobre la falta de techo y otra sobre la falta de empleo, porque bien se sabe que la industria de la construcción es uno de los factores estratégicos para la dinamización de una economía.

Sin embargo, es preciso hacer algunas consideraciones sobre la política de vivienda hasta ahora puesta en práctica en nuestro país, por parte de los organismos descentralizados del Estado principalmente, desde que comenzó a funcionar el Instituto Nacional de la Vivienda (INVA) en la década de los 60.

Tal política ha consistido en construcción de viviendas caras, generalmente diseñadas para el hacinamiento y la monotonía, gastándose enormes recursos económicos que, bien aprovechados, habrían servido para triplicar o quintuplicar los beneficios sociales.

Actualmente están empleando un llamado sistema de "unidades húmedas" que consiste en solo proporcionar los servicios de baño, lavado y servicio sanitario, y que el comprador del terreno haga la casa a su mejor criterio. Con ello, al final, lo que se promoverá es el mayor desorden y un atentado contra el ornato de las ciudades.

El abogado Gautama Fonseca, que, como un Quijote, se ha propuesto demostrar cómo se pueden construir buenas viviendas a bajo costo, y fácilmente construibles por sus propios dueños, o mediante el método cooperativo, puede dar ideas al respecto. Se ha publicado ya cómo el gobierno de Costa Rica lo ha llamado para aprovechar su experiencia.

Pero en Honduras es bien cierto que nadie es profeta en su tierra.

Senador republicano habla con José Azcona

El senador del Partido Republicano de los Estados Unidos, Paul Treble, se reunió ayer en la tarde con el presidente José Azcona Hoyo y el comandante en jefe de las Fuerzas Armadas, General Humberto Regalado Hernández, para intercambiar impresiones sobre la situación del área centroamericana.

En la reunión participaron también el encargado de Negocios de la Embajada de los Estados Unidos, Robert Pastorino; el jefe del Estado Mayor del Ejército, coronel Gutiérrez Minera, y el viceministro de relaciones exteriores, abogado Guillermo Cáceres Pineda.

El vicecanciller dijo que el senador Treble es del criterio que la solución a la crisis centroamericana debe ser pacífica y no por la vía militar, y que de Honduras se lleva una "buena impresión, porque aquí existe tranquilidad y en este gobierno se ha logrado resolver varios problemas económicos".

Indicó que Paul Treble visitará los demás países centroamericanos porque está interesado en conocer a fondo sus problemas, para poder tomar sus determinaciones cuando se discuta el problema centroamericano en el senado.

En la reunión no se tocó el problema de los contras, aseguró Cáceres, sino "lo mismo que tratan otros senadores que han venido a Centro América con el afán de informarse cuál es la real situación de esta región".

El viceministro de Relaciones Exteriores manifestó que la participación del general Regalado Hernández en las reuniones que el presidente Azcona ha sostenido con congresistas norteamericanos, "es importante para que brinde cualquier información de carácter militar". (TDG).

Tiempo / **11 de febrero de 1987**

FARAH ROBLES-MARIA MARTHA DE PANTING

Próximo sábado es la cena de gala presidencial

El señor Presidente Constitucional de la República, ingeniero José Simón Azcona Hoyo y señora Miriam Bocock de Azcona; el ingeniero Jaime Rosenthal Oliva, Designado a la Presidencia y señora Miriam Hidalgo de Rosenthal, esperan la presencia de las autoridades civiles y militares y distinguidos empresarios, en la Cena de la Gala Presidencial que tendrá lugar el día sábado 14 de los corrientes a partir de las 8:00 p.m. en el Salón Las Islas del Hotel Copantl Sula.

Por este medio se agradece a todas las personas que de una u otra forma han colaborado con este evento que será a beneficio de la Junta Nacional de Bienestar Social, todo por los niños de Honduras.

Tiempo / **1 de febrero de 1987**

SAMPEDRANOS ESPERAN CON ENTUSIASMO LA CENA DE GALA

Con mucho entusiasmo están esperando los sampedranos la Cena de Gala Presidencial que tendrá lugar el próximo 14 de febrero en el Salón Las Islas del Hotel Copantl Sula. Los organizadores de la misma son los esposos Edwin y Norma Rosenthal, quienes tendrán como invitados especiales a los esposos Azcona Hoyo. Los fondos que se recauden de esta actividad pasarán a beneficiar a los niños de la Junta Nacional de Bienestar Social.

El Heraldo / **11 de febrero de 1987**

Ingeniero José S. Azcona y Señora Miriam de Azcona anfitriones de la cena de gala presidencial

El próximo sábado 14 de los corrientes a partir de las 8:00 p.m. en el Salón Las Islas del Hotel Copantl Sula, tendrá lugar la Cena de la Gala Presidencial, cuyos anfitriones serán el señor Presidente Constitucional de la República, ingeniero José Simón Azcona Hoyo y señora Miriam Bocock de Azcona. En la celebración del Día de San Valentín, este relevante evento tiene por objetivo recaudar fondos, los cuales serán destinados a las obras de beneficencia que en todo el país desarrolla la Junta Nacional de Bienestar Social, donde la primera dama de la Nación es su presidenta. Los esposos Azcona esperan la presencia de las autoridades civiles, militares y destacados empresarios de la Costa Norte, que siempre se han mostrado anuentes a contribuir con las necesidades de la población infantil.

Tiempo / **10 de febrero de 1987**

Gabinete de Gobierno estará presente en cena de gala presidencial

Los ministros del Gabinete de Gobierno del señor Presidente Constitucional de la República, ingeniero José Simón Azcona Hoyo, estarán presentes en la Cena de Gala Presidencial, atendiendo la invitación formulada por el distinguido mandatario y su esposa señora Miriam Bocock de Azcona, la cual se llevará a cabo el día sábado 14 de los corrientes a partir de las 8:00 P.M. en el Salón Las Islas del Hotel Copantl Sula.

Este evento que será a beneficio de la Junta Nacional de Bienestar Social, reunirá a las máximas autoridades civiles y militares y empresarios, quienes con su presencia le darán un mayor realce al mismo.

El fondo musical estará a cargo del cuarteto de Violines de la Escuela "Victoriano López", que harán el deleite de la concurrencia con arreglos especiales de música moderna y clásica, las que en otras ocasiones les han merecido sonoros aplausos.

Dado el éxito en la venta de tarjetas la señora Miriam de Azcona, presidenta de la Junta Nacional de Bienestar Social, ha manifestado su profundo agradecimiento y contento ya que con el dinero recaudado se podrá hacer frente a las muchas necesidades que actualmente afrontan en los distintos programas de asistencia hacia las comunidades infantiles.

Tiempo / 12 de febrero de 1987

En Costa Rica:
Cese al fuego y nuevas elecciones en Nicaragua pedirán presidentes

- *Además solicitarán que cese la ayuda a los antisandinistas y que se dialogue tanto con ellos, como con la oposición política.*

TEGUCIGALPA.- El canciller Rodrigo Madrigal Nieto y el ministro de la presidencia, Rodrigo Arias Sánchez (hermano del presidente Oscar Arias Sánchez) de Costa Rica, se entrevistaron con el presidente José Azcona Hoyo en horas de la tarde de ayer

Madrigal Nieto apuntó que la entrevista tuvo como objetivo reiterar la invitación formulada por el presidente costarricense a la próxima reunión de presidentes democráticos de Centroamérica quien se realizará en San José.

En la reunión se elaborará un documento que le será propuesto a Nicaragua, con el fin de nivelar y unir fuerzas en torno a lograr la paz, dice el funcionario costarricense.

Asegura que en la cita privará "el mismo espíritu" de la reunión recién efectuada en Guatemala en donde se reunieron los cancilleres de la Comunidad Económica Europea con sus homólogos centroamericanos.

Asimismo, se anunció que al presidente Azcona Hoyo se le entregó un borrador del plan elaborado que consta de cinco puntos que son cese inmediato al fuego, suspensión de la ayuda a los antisandinistas, diálogo con la oposición armada y política la realización de nuevas elecciones en Nicaragua, y el quinto tema se dio a conocer.

Consultado Madrigal Nieto sobre el porqué de la no participación de Nicaragua, respondió que la primera intención es reunir al "grupo de países que tienen mayor identidad de sistema de gobierno, pero espera la participación de todos los sectores involucrados en el conflicto de América Central, incluyendo a los antisandinistas.

El canciller apuntó, además, que dicha propuesta no excluye al Grupo de Contadora, sino que la incorpora y ratifica sus perspectivas y acciones en pro de la paz regional.

El canciller Rodrigo Madrigal Nieto se entrevistó ayer con Azcona Hoyo.

La Prensa / **12 de febrero de 1987**

Azcona listo para cita en San José

TEGUCIGALPA.- Los voceros de casa de gobierno informaron que todo está listo para que el domingo a las siete con 45 minutos de la mañana, el presidente de la República, José Azcona del Hoyo, salga con dirección a San José de Costa Rica, para participar en la reunión con los demás presidentes del área, excepto el de Nicaragua.

Azcona Hoyo partirá del aeropuerto "Ramón Villeda Morales" a San Pedro Sula, donde un día antes cumplirá compromisos oficiales en esa ciudad incluyendo "cena de gala presidencial" patrocinada por la Junta Nacional de Bienestar Social para recaudar fondos con fines benéficos.

La comitiva que acompañará Azcona Hoyo estará integrada por el ministro de Relaciones Exteriores, Carlos López Contreras, el jefe del estado mayor conjunto de las Fuerzas Armadas, coronel Roberto Martínez Ávila, el edecán militar de Casa de Gobierno, teniente Jorge García y el secretario de Prensa, Lisandro Quezada.

El objetivo del encuentro, que se realizará en el Teatro Nacional de Costa Rica, es para analizar los problemas socio políticos centroamericanos y al final firmar una declaración conjunta, de acuerdo al programa oficial que ha divulgado la Presidencia de la República, de ese país.

El secretario de Prensa de Azcona Hoyo dijo que esta "reunión constituye un esfuerzo más para buscar una solución, política al problema de Nicaragua y eso es consecuente con la política exterior de Honduras".

Azcona Hoyo llegará como a las diez de la mañana al aeropuerto Juan Santa María en una avioneta "Cheyenne". Regresará a Honduras el lunes en horas de la mañana.

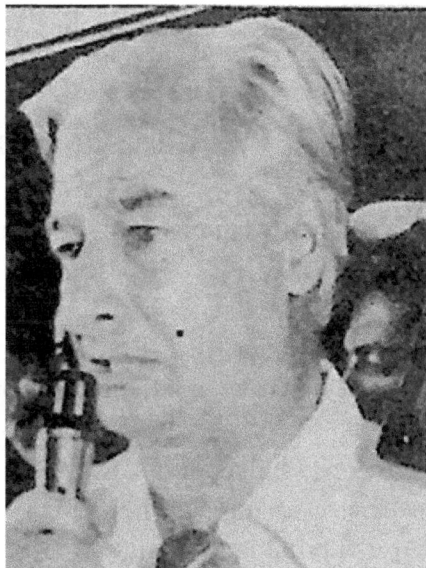

La Prensa / **12 de febrero de 1987**

Propuesta final hará el istmo a Nicaragua

* El Presidente José Azcona se dispone a sentarse mientras el canciller costarricense Rodrigo Madrigal Nieto se lleva los dedos a sus oídos, antes del diálogo celebrado ayer en Casa Presidencial, donde se le entregó al mandatario hondureño el nuevo Plan de Paz preparado por Costa Rica. A la derecha, Rodrigo Arias Sánchez, hermano del presidente Oscar Arias, miembro de la misión. Inf. Pág. 3

El Heraldo / **12 de febrero de 1987**

Azcona recibe nuevo Plan de Paz para la región centroamericana

- **El canciller de Costa Rica dijo ayer en Tegucigalpa que una "propuesta final" será entregada muy pronto a Nicaragua.**

El ministro de Relaciones Exteriores de Costa Rica, Rodrigo Madrigal Nieto, entregó ayer tarde al presidente José Azcona Hoyo un documento que contiene la propuesta de ese país para lograr la pacificación del área centroamericana y que será discutido el domingo en la cumbre presidencial.

Madrigal Nieto realizó ayer una gira por El Salvador, Guatemala y Honduras en compañía del ministro de la Presidencia, Rodrigo Arias Sánchez, para entregar el citado documento y reiterar la invitación para que los tres presidentes vayan a San José el próximo domingo.

El canciller costarricense reveló que los países del área que tienen una mayor identidad en cuanto a su sistema de gobierno y filosofía política tratarán de presentar una propuesta conjunta a Nicaragua para tratar de pacificar la región centroamericana.

"Por ese motivo no hemos invitado a Nicaragua a la reunión de San José", dijo el visitante, quien aseguró que el plan de paz no debilita ni contradice las gestiones que realiza el Grupo Contadora en igual sentido.

Madrigal Nieto insistió en que el plan de paz no estará concluido sino hasta que los presidentes de los cuatro países lo estudien y le hagan las observaciones que consideren pertinentes porque "hay muchos conductos para establecer un diálogo que sea eficaz y que contribuya a la paz".

El plan presentado por Costa Rica comenzó a ser esbozado en una reunión que el canciller Madrigal Nieto sostuvo en Miami con los funcionarios norteamericanos Philip Habib y Elliot Abrams e incluye una amnistía general en Nicaragua y un diálogo interno en ese país entre el gobierno y la contra.

El canciller visitante aseguró que el plan es visto con simpatía por los gobiernos europeos representados en la recién concluida reunión de la Comunidad Económica Europea, al Grupo Contadora y los cancilleres centroamericanos, celebrada en ciudad de Guatemala.

"El plan lo que hace es ratificar las propuestas que en el pasado ha hecho Contadora y se enmarca dentro del proceso mediador de este grupo porque le asigna algunas funciones específicas", aseguró el canciller tico.

Finalmente, ante una pregunta sobre las posibilidades de éxito del plan con la exclusión de los contras, Madrigal Nieto respondió: "Esperamos que todos participen en el diálogo para un desarrollo de la paz en la región".

El canciller tico confirmó ayer mismo la presencia del presidente Azcona en la reunión de San José al tiempo que la Casa de Gobierno dio a conocer que viajará acompañado del canciller Carlos López Contreras.

La comitiva la completan el jefe del Estado Mayor Conjunto de las Fuerzas Armadas, Coronel Roberto Martínez Ávila, el secretario de Prensa, Lisandro Quesada, y el edecán, teniente Jorge Arturo García Borjas.

* El canciller de Costa Rica, Rodrigo Madrigal Nieto (izquierda) ingresa ayer al despacho del presidente José Azcona Hoyo para entregarle la nueva propuesta de su gobierno para lograr la pacificación del área centroamericana. (Foto Secretaría de Prensa).

El Heraldo / **12 de febrero de 1987**

Azcona recibe borrador del plan de paz que aprobarán en San José

El presidente José Azcona recibió ayer una copia del borrador de una nueva propuesta de paz para Nicaragua que los gobernantes de la región aprobarán el próximo domingo durante la cumbre que se llevará a cabo en San José, Costa Rica.

El borrador fue entregado al gobernante hondureño por el canciller de Costa Rica, Rodrigo Madrigal Nieto, quien se reunió con Azcona acompañado por el ministro de la Presidencia de ese país, Rodrigo Arias Sánchez y otros funcionarios del gobierno costarricense.

"En la reunión de presidentes centroamericanos en Costa Rica se analizará un nuevo plan de paz que será propuesto a Nicaragua para ver cómo unimos esfuerzos para nivelar la situación centroamericana", indicó el canciller costarricense.

Aseguró que el referido plan ha sido elaborado dentro de un esquema que en nada debilita las acciones pacificadoras del Grupo de Contadora, "antes bien el plan ratifica el papel de Contadora y le da funciones específicas", adelantó.

Madrigal Nieto aclaró que por los momentos ese plan se encuentra a nivel de borrador, pero que ha sido entregado a los presidentes que participarán en la reunión cumbre para que lo analicen con sus cancilleres y le formulen las recomendaciones que consideren necesarias.

"A esta cita de mandatarios no se invitó a Nicaragua porque precisamente el objetivo de la reunión es aprobar un nuevo plan de paz que será propuesto al gobierno sandinista, para tratar de solventar la crisis política regional", explicó.

Además, los 4 países tienen una mayor identidad en cuanto a sistemas de gobierno democrático y filosofía política.

* El presidente José Azcona durante la reunión ayer con el canciller Rodrigo Madrigal Nieto y el ministro de la Presidencia de Costa Rica, Rodrigo Arias Sánchez. (Foto de Aquiles Andino).

La Tribuna / **12 de febrero de 1987**

Francia no apoya a los "contras" pero rechaza imposición sandinista

- **Alto funcionario galo afirma que su país ha advertido a los líderes de la revolución que "están equivocados".**
- **Anuncia que la CEE acordó una ayuda de 350 millones de dólares para la región.**

El gobierno de Francia nunca ha dado su respaldo a los "contras" nicaragüenses porque ese es un problema de los Estados Unidos y sus aliados en Centroamérica, dijo ayer en esta capital Didier Bariani, un alto funcionario del gobierno francés.

Bariani,, Secretario de Estado de Relaciones Exteriores se entrevistó en horas de la mañana con el presidente José Azcona Hoyo en compañía del embajador en Misión Especial, Bernard Boyer, y del embajador en Honduras, Edouard de Blanpré.

Los funcionarios galos representan a su país en la reciente reunión de la Comunidad Económica Europea (CEE), el Grupo de Contadora y los cancilleres centroamericanos, celebrada en la capital de Guatemala.

En esa reunión, según Bariani, los cancilleres europeos tomaron "mayor conciencia" de la situación prevaleciente en Centroamérica y acordaron una ayuda de 350 millones de dólares para los cinco países de la región.

En el plano político respaldaron nuevamente la posición del Grupo Contadora como "un medio privilegiado para lograr la paz en la zona centroamericana", por lo que excitaron a los países que tienen que ver con el conflicto a "no hacer nada que excluya a ese grupo negociador".

LA CUMBRE PRESIDENCIAL

El ministro francés señaló que "aparte de la decepción general que produce el poco avance de Contadora", su gobierno estima que no debe hacerse nada que tienda a debilitar las gestiones que llevan a cabo México, Panamá, Venezuela y Colombia en favor de la paz.

En ese sentido, sostuvo que la reunión presidencial del próximo domingo en Costa Rica "no contradice las acciones que impulsa Contadora, sino que se trata de actividades complementarias a la gestión de dicho grupo".

"Los países de la CEE fueron muy unidos y solidarios en Guatemala y decidieron un apoyo sin ambigüedades para Contadora", aseguro Bariani.

NO APOYAN A LA CONTRA

El funcionario francés dijo que su gobierno nunca ha dado su respaldo político a la "contra" por considerar que es un problema generado por los Estados Unidos y los países de la zona.

"No obstante, la sola presencia de la "contra" no basta para justificar la línea dura adoptada por el gobierno de Nicaragua, al que mi gobierno ha ayudado mucho en el pasado", añadió.

Bariani señaló que su gobierno no le está diciendo a los dirigentes nicaragüenses que la evolución en ese país "está equivocada" y que debe cesar el irrespeto a la libertad de prensa y demás libertades individuales aparte de que "la nueva Constitución fue elaborada sin que la oposición pudiera hacer oír su voz".

"Los dirigentes nicaragüenses no han querido tomar en cuenta las observaciones que les hacen las grandes democracias y yo se los voy a decir el martes que llegue a Managua, que no pueden esperar un trato especial de Francia si no rectifican en lo que estamos pidiendo", continuó Bariani.

FRANCIA Y HONDURAS

Con respecto a las relaciones bilaterales, el alto funcionario galo sostuvo que su gobierno tiene el vivo deseo de fortalecer los lazos de todo tipo que existen entre los dos países.

"El primer ministro Jacques Chirac dijo en abril, al constituir su gobierno, que estrecharía la donación de tres mil toneladas de cereales.

La asistencia también se ofrecerá en materia cultural, y, en ese sentido, sostuvo que el gobierno hondureño tiene planes de establecer la enseñanza del idioma francés al mismo nivel del inglés en las escuelas secundarias.

Bariani dijo que no hay contemplada una ayuda militar para Honduras de parte de Francia, pero no descartó esa posibilidad al añadir que "no es una cuestión prohibida hablar sobre este tema en el porvenir".

Finalmente, reveló que el presidente hondureño le había impresionado "por la gran lucidez con que mira la situación centroamericana".

* **Bariani (centro) durante la entrevista con el presidente Azcona Hoyo en la Casa de Gobierno.** (Fotos Sabillón).

El Heraldo / **13 de febrero de 1987**

Ministro francés: Revolución en Nicaragua está equivocada

TEGUCIGALPA.- (Por Faustino Ordóñez Baca).- El secretario de estado en el despacho de Relaciones Exteriores de Francia para Asuntos de América y Zona del Pacífico, Didiere Bariani, fustigó duramente ayer en casa presidencial al régimen de Nicaragua, al tiempo que anunció un plan de cooperación económica, política, cultural y alimenticia con el gobierno de Honduras que será efectivo en el presente.

El visitante llegó a casa de gobierno acompañado del embajador francés en nuestro país Edward de Blanpre y del enviado en misión especial, Bernard Boyer, dialogando por dos horas con el presidente Azcona con quien analizó los principales problemas de la región.

PLAN DE COOPERACIÓN

Bariani anunció que el gobierno francés que considera a Honduras "como de la familia" tiene contemplado una serie de ayudas concretas como un esfuerzo por reforzar las relaciones entre los países. Informó que la próxima semana estará llegando al país un buque cargado de tres mil toneladas de cereales como ayuda alimenticia, pero "este año vamos a quintuplicar la cooperación cultural y técnica, aunque no son sumas considerables".

"Reconocemos y apoyamos el esfuerzo que ha hecho Honduras, para lograr la democracia", dijo el secretario de estado francés quien sostuvo que esta ayuda es una viva señal política".

El diplomático dijo que Francia está interesada también en fortalecer la enseñanza de su idioma en Honduras como parte de la cooperación cultural, misma que se realizará a través del Liceo Franco Hondureño que opera en nuestro país desde 1973.

A una pregunta sobre una posible ayuda militar a Honduras, el ministro respondió que "no es a esa dirección a la que va nuestra ayuda, pero no es una cuestión prohibitiva pensar acerca de este tema en el futuro".

NICARAGUA

El gobierno de Francia no dará "ningún trato privilegiado" a Nicaragua por el sistema político que ha escogido para gobernar a su pueblo, según lo reveló el encargado francés para asuntos americanos, quienes dijo que esta tesis será reiterada a los gobernantes de aquel país el martes, cuando le toque visitarlos.

"Nosotros hemos dado ayuda económica y cultural a Nicaragua y le hemos advertido que vuestra evolución interna está mala y equivocada, no respetan las libertades religiosas, individuales ni el pluralismo político", afirmó.

Criticó la forma en que los sandinistas elaboraron la nueva constitución que no contó con la voz del sector que está en contra del sistema y ante esta situación "les hemos dicho que no esperen complacencia de nosotros", advirtió.

Sostuvo que Francia "nunca ha dado su respaldo a los contras, porque es un problema exclusivo de los Estados Unidos y los países de la región, aunque su presencia no basta para que Nicaragua justifique la línea dura que ha adoptado".

350 MILLONES DE DOLARES DE AYUDA:

El diplomático francés informó que los países de la Comunidad Económica Europea ayudaran a la región en 350 millones de dólares acordados durante la reciente cumbre de Guatemala.

"Hay una toma de conciencia general de parte de Europa respecto a los problemas de Centro América", aseveró Bariani, añadiendo que "también hay una voluntad común de parte de la CEE en ayudar en lo mejor posible a salir del subdesarrollo a nuestros amigos".

Con respecto al Grupo Contadora el diplomático francés dijo que "no hay nada que pueda contradecir la voluntad de ese grupo, al contrario, las iniciativas complementarias de pacificación lo pueden fortalecer".

No obstante a "la lentitud de Contadora no hay nada que pueda debilitarlo y los países amigos como Francia pueden hacer muchas cosas menos tomar el lugar de los países que están en la zona", subrayó.

Al comentar el diálogo que sostuvo con el presidente Azcona Hoyo, el visitante dijo que "pudo apreciar la cortesía del gobernante y su gran lucidez en el asunto" y finalmente anunció que este día parte rumbo a San Salvador, luego estará presente en Costa Rica con motivo de la cumbre de los presidentes democráticos y posteriormente irá a Nicaragua.

La Prensa / 13 de febrero de 1987

Selección Nacional fue juramentada por el presidente José Simón Azcona H.

TEGUCIGALPA.- Habiendo finalizado el periodo reglamentario de inscripciones de jugadores y cuerpo técnico para participar en el Torneo Infantil U-16 que comienza mañana, Honduras y Trinidad y Tobago inscribieron la delegación oficial ante el comité organizador.

CUERPO TÉCNICO: Entrenador Mario Griffin Cubas, asistente: Jorge Flores Carías, kinesiólogo Grevil Castellanos, médico Oscar Saddy Bueso, psicólogo Augusto Aguilar y administrador Óscar Ochoa.

JUGADORES: Porteros: Fernando Nahún Lozano y Juan Fernando Palacios. Defensas; Manuel Blanco, Omar Antonio Padilla, Julio Javier Cárcamo, Arnold Javier Cruz, Iván Galeas Espinal, y Luis Carlos Midence. Volantes: Douglas Fernando Jhonson, Marco Antonio Figueroa, Marlon Javier Núñez, Guillermo Alfredo Acosta y Juan Carlos Díaz. Delanteros: José Francisco Villatorio, Juan Carlos Torres, José Abel Fúnez, Dennis Romero Oliva y Erick Gerardo Gallegos.

JURAMENTAN DELEGACION HONDUREÑA

En Casa Presidencial ayer en horas de la tarde fue juramentada la Selección Infantil U-16, por el señor Presidente de la República.

El acto estaba señalado para horas de la mañana, pero las ocupaciones del Señor Presidente dieron lugar a que se realizara en horas de la tarde.

Los seleccionados nacionales prometieron defender los colores patrios en el evento que será inaugurado mañana domingo en horas de la mañana.

* El ingeniero José Simón Azcona, Presidente de la República, entrega el Pabellón Nacional al capitán de la U-16 hondureña después de juramentarlos previo a lo que será la iniciación de la competencia Premundialista. (Foto Majín).

Tiempo / **14 de febrero de 1987**

El Presidente de la República, ingeniero José Azcona Hoyo posa con el equipo nacional de la U-16, ayer en casa de gobierno, después de juramentarlos.
(Fotos Majín).

Mañana se inicia CONCACAF Infantil "U-16"

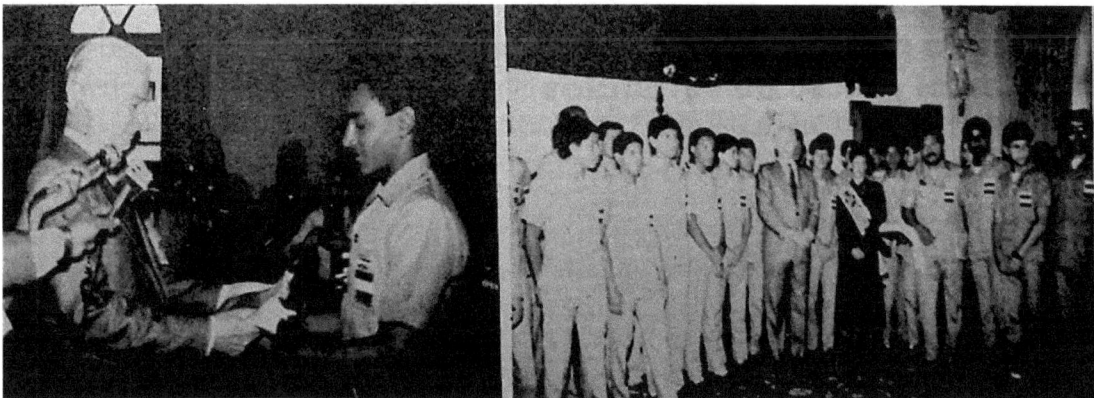

El presidente José Azcona Hoyo juramentó ayer en la tarde en Casa de Gobierno a los integrantes de la Selección Nacional de Fútbol U-16, que competirá por el campeonato regional infantil en el Estadio Nacional, en un certamen que se inicia mañana. El mandatario entregó el Pabellón Nacional al capitán de la oncena hondureña y exhortó al grupo a luchar con hidalguía en busca de una plaza para el mundial infantil. Información en páginas deportivas.

La Prensa / 14 de febrero de 1987

Se espera que presidente Azcona concurra mañana al Nacional

TEGUCIGALPA.- A continuación proporcionamos los actos culturales de inauguración que tendrán lugar mañana domingo en el Estadio Nacional a partir de las 8:30 de la mañana.

Extractamos lo más importante de la siguiente manera:

8:30 A.M. a 8:50, cuadros nacionales de danza folklórica de la Secretaría de Cultura y Turismo.

8:55 a 9:15 A.M., participarán niños dando exhibición con pelota a cargo de Oscar Cruz.

9:20 a 9:40 A.M., participación del balet garífuna de la Secretaría de Cultura y Turismo.

9:45 a 10:05 Himno Nacional e izada del Pabellón Nacional. El Himno será cantado por el artista nacional Wilson Reynaud, acompañado de la Banda de los Supremos Poderes.

10:15 a 10:30 Intervenciones de funcionarios deportivos así: presidente del Comité Organizador, doctor Raúl Antonio Leitzelar Vidaurreta.

Presidente de la FENAFUTH (Rodrigo Castillo Aguilar), o su representante (Jaime Turcios).

Palabras de Abilio de Almeida, representante de FIFA.

Palabras del presidente de la República declarando inaugurado el campeonato (ingeniero José Simón Azcona Hoyo, o su representante), será entonado el Himno Nacional de cada país participante.

11:00 A.M. primer partido. Estados Unidos Vrs. Trinidad y Tobago

Tiempo/ **14 de febrero de 1987**

Demostrar garra catracha pide Azcona a infantiles

El presidente José Azcona pidió ayer a los miembros del seleccionado hondureño U-16 "demostrar esa garra catracha que ha hecho famosos a nuestros futbolistas", al momento de juramentarlos y entregarles el Pabellón Nacional, a la vez que consideró "necesaria la presencia de la afición". La ceremonia se realizó en la Casa del Gobierno, en presencia del director técnico, Mario Griffin y el viceministro de Cultura, Jaime Turcios. Los infantiles prometieron defender el fútbol y el honor hondureños. Información en nuestra Sección Deportiva.

(Foto Aquiles Andino)

*La Tribuna /***14 de febrero de 1987**

Mañana, el U-16

El presidente de la República hace entrega del Pabellón Nacional a la selección hondureña que participará en el campeonato pre-mundial de CONCACAF, U-16, que arranca mañana en sus sedes de Tegucigalpa y San Pedro Sula.

El Heraldo / **14 de febrero de 1987**

EN SOCIEDAD

POR: NORA SCHAUER

HOY ES LA CENA DE GALA EN SAN PEDRO SULA

Hoy 14 de febrero tendrá verificativo en el Salón Las Islas del Hotel Copantl Sula la Cena Presidencial a beneficio de la Junta Nacional de Bienestar Social.

El evento en mención está siendo coordinado por los esposos Edwin y Norma Rosenthal quienes tendrán como invitados de honor al ingeniero José Azcona Hoyo, Presidente de la República y doña Miriam de Azcona, Primera Dama de la Nación. Hora: 8 p.m.

El Heraldo / **14 de febrero de 1987**

Cena de gala presidencial hoy en el Hotel Copantl Sula

Los salones del Hotel Copantl Sula, se verán engalanados esta noche con la celebración de la Cena de Gala Presidencial, evento que ha sido coordinado por el ingeniero Jaime Rosenthal Oliva, designado a la Presidencia y señora Miriam Hidalgo de Rosenthal y que contará con la presencia del señor presidente constitucional de la República ingeniero José Simón Azcona Hoyo y culta señora Miriam Bocock de Azcona, como también de distinguidas autoridades civiles y militares, miembros del Gabinete de Gobierno del Soberano Congreso Nacional y destacados empresarios de todo el país.

Este esperado acontecimiento, ha sido organizado con la finalidad de recaudar fondos a beneficio de la Junta Nacional de Bienestar Social, que dinámicamente preside la Primera Dama de la Nación.

El fondo musical que le dará mayor realce a la reunión estará a cargo del excelente cuarteto de Violines de la Escuela de Música "Victoriano López", y las instalaciones lucirán bellamente decoradas.

Por la niñez de Honduras, gracias a todas las personas que han colaborado con esta actividad.

Tiempo / **14 de febrero de 1987**

CENA PRESIDENCIAL EN SAN PEDRO SULA

Este sábado, en horas de la noche se realizará la CENA DE GALA PRESIDENCIAL donde serán los anfitriones el ingeniero José Azcona del Hoyo, y su esposa Miriam de Azcona. La misma se realiza con el propósito de recaudar fondos para la JNBS. Esta actividad es coordinada por la señora Miriam de Rosenthal.

La Tribuna / 14 de febrero de 1987

ESTA NOCHE: PRESIDENTE Y PRIMERA DAMA EN CENA DE GALA EN S.P.S.

El ingeniero José Azcona Hoyo presidente de la República y doña Miriam de Azcona, presidenta de la Junta Nacional de Bienestar Social, llegaron hoy a San Pedro Sula para asistir a la CENA DE GALA PRESIDENCIAL en el Hotel Copantl Sula.

Miriam de Rosenthal, iniciadora de la gran cruzada a favor de la Junta Nacional de Bienestar Social. (Foto EDGARDO AGUILAR).

La Tribuna / 14 de febrero de 1987

<u>*Afirma Azcona Hoyo:*</u>

Honduras discrepa, en parte, propuesta de paz costarricense

- **De todas maneras, es sólo una propuesta. Vamos a discutirla y posiblemente salga algo mejor que pueda ser firmado, dijo el Presidente.**

El presidente José Azcona Hoyo declaró ayer que está de acuerdo "en muchas de las partes" de la propuesta que le fuera entregada por el gobierno de Costa Rica con el propósito de lograr la pacificación centroamericana.

La propuesta será discutida mañana en la capital costarricense por los presidentes Vinicio Cerezo de Guatemala, José Napoleón Duarte de El Salvador, Oscar Arias Sánchez de Costa Rica y el propio Azcona Hoyo.

Sobre las expectativas de esa reunión, Azcona dijo que todavía no se puede adelantar nada, aunque indicó que la "Cumbre Presidencial" puede resultar positiva "para sentar pautas por los mismos centroamericanos en relación a la pacificación de los países que tienen luchas internas".

El presidente Azcona se reunió en la tarde de ayer con el Consejo de Seguridad Nacional para analizar conjuntamente la propuesta costarricense y definir la posición de Honduras en la reunión de San José, a la que no fue invitado el presidente nicaragüense, Daniel Ortega Saavedra.

"Hemos leído la propuesta del gobierno de Costa Rica y estamos de acuerdo en muchas de sus partes, pero de todas maneras eso no es nada más que una propuesta. Vamos a discutirla y posiblemente salga algo que pueda ser firmado por los cuatro presidentes", dijo Azcona.

Añadió que el documento que suscriban los gobernantes en San José será enviado posteriormente al presidente de Nicaragua "para ver si quiere suscribirse".

La propuesta del gobierno costarricense incluye un inmediato cese al fuego en Nicaragua, la declaratoria de una amnistía general en ese país, el establecimiento de un diálogo entre el gobierno sandinista y la oposición, cívica y armada, y la celebración de elecciones libres y supervisadas por organismos internacionales en ese mismo país.

Azcona dijo que no podía entrar en detalles con respecto a los puntos de la propuesta en los que no está de acuerdo y que lo mejor "es esperar las deliberaciones de San José".

El mandatario hondureño saldrá mañana de la ciudad de San Pedro Sula con destino a San José. - Esta noche participará en una Cena Presidencial en beneficio de la Cruz Roja Sampedrana que está cobrando dos mil, 500 lempiras por cubierto para quienes se sienten junto al presidente y 500 a quienes ingresen al local de la cena.

AZCONA HOYO
El Heraldo / **14 de febrero de 1987**

José Azcona: Cumbre de los 4 puede resultar positiva

- **Mañana viaja el presidente**

TEGUCIGALPA. El presidente José Azcona Hoyo dijo ayer que la reunión de los cuatro presidentes centroamericanos que se llevará a cabo mañana en San José. Costa Rica, "puede resultar muy positiva para sentar pautas por los mismos centroamericanos en relación a la pacificación de los países que tienen luchas internas".

Azcona viajará mañana a Costa Rica para participar en la reunión con sus colegas de Guatemala, Vinicio Cerezo Arévalo; El Salvador, José Napoleón Duarte, y Costa Rica, Oscar Arias Sánchez, en la cual discutirán un plan de paz para presentarlo al gobierno de Nicaragua.

El mandatario hondureño viajará acompañado por el canciller Carlos López Contreras; el jefe de Estado Mayor Conjunto del Ejército, coronel Roberto Martínez Ávila, y el secretario de prensa, abogado Lisandro Quezada.

Una copia del borrador de la propuesta de paz que presentará Costa Rica fue entregada el miércoles anterior al presidente Azcona por el canciller costarricense Rodrigo Madrigal Nieto, para que lo analice y haga sus observaciones previas a la reunión.

El presidente Azcona dijo que dicho plan de paz "lo hemos leído, estamos de acuerdo en muchas de sus partes, pero de todas maneras eso no es nada más que una propuesta.

Vamos a discutirlo y posiblemente salga algo que pueda ser firmado por los cuatro presidentes de Centroamérica y, posteriormente, enviarlo al presidente de Nicaragua a ver si quiere suscribirse".

Preguntado en qué difiere en la propuesta de paz del gobierno de Costa Rica, Azcona Hoyo manifestó que "no podemos entrar en detalles ahora, porque hay que esperar las deliberaciones en San José".

El mandatario abordará en el aeropuerto de San Pedro Sula la avioneta que lo llevará a Costa Rica, ya que hoy en la noche participará en la Cena Presidencial que se llevará a cabo aquí a beneficio de la Junta Nacional de Bienestar Social. (TDG).

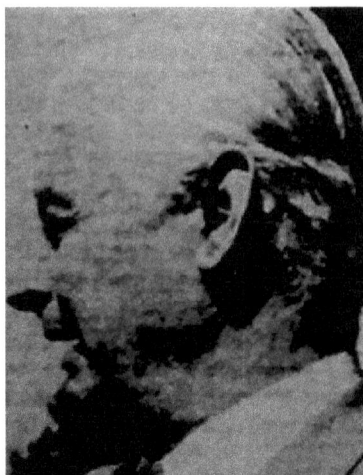

AZCONA HOYO

Tiempo / **14 de febrero de 1987**

Presidente de acuerdo con muchas de las partes de propuesta de paz

TEGUCIGALPA. (Por Faustino Ordóñez Baca).- El presidente de la República José Azcona Hoyo, declaró ayer que está de acuerdo en muchas de las partes de la propuesta de paz de Costa Rica y dijo que espera que la reunión de mañana "pueda resultar muy positiva para sentar pautas por los mismos centroamericanos en relación a la pacificación de los países que tienen luchas internas".

"La hemos leído, estamos de acuerdo en muchas de sus partes, pero de todas maneras eso no es más que una propuesta", dijo el presidente hondureño al preguntarle qué opina de la nueva propuesta regional de la paz promovida por la República de Costa Rica.

"Vamos a discutirla, y posiblemente salga algo que pueda ser firmado por los cuatro presidentes de Centro América y posteriormente enviarla al gobernante de Nicaragua para ver si quiere suscribirla", subrayó.

Azcona Hoyo habló lacónicamente sobre el tema minutos después de haber hecho juramento a la selección infantil de fútbol que participará en esta ciudad en los juegos eliminatorios previos del campeonato mundial.

Al ser interrogado sobre qué parte de la propuesta no está de acuerdo, el Presidente dijo que no podía" entrar en detalles ahora por qué hay que esperar las deliberaciones en San José.

La nueva iniciativa regional de paso suscrita por el presidente de Costa Rica, Óscar Arias Sánchez, le fue entregado oficialmente a Azcona Hoyo el miércoles reciente.

En una visita realizada por el ministro de la Presidencia de aquel país, Rodrigo Arias Sánchez, y el ministro de Relaciones Exteriores, Rodrigo Madrigal Nieto.

El plan de paz contiene aspectos básicos, entre los que figuran un cese inmediato al fuego, la apertura de negociaciones entre el gobierno de Nicaragua y la oposición política interna, la celebración de elecciones generales con la participación de todos los sectores y el otro punto, que no se ha dado a conocer pero que podría tratarse de asuntos de armamentismo.

El presidente de la República parte hoy a la ciudad de San Pedro Sula, donde pernoctará y mañana a las siete con 45 minutos parte del Aeropuerto "Ramón Villeda Morales" en dirección a la capital josefina, donde estará llegando a la altura de las diez de la mañana.

Una vez que el gobernante haya llegado al Aeropuerto "Juan Santa María", de Costa Rica, inmediatamente se trasladará al Teatro Nacional, Lugar de las deliberaciones, donde se reunirá con los demás mandatarios de Costa Rica, El Salvador y Guatemala.

José Azcona Hoyo

La Prensa / **14 de febrero de 1987**

De San Pedro Sula viajará Azcona mañana a San José

El presidente José Azcona avizoró buenas perspectivas que podrían resultar de las pláticas a realizar en la cumbre de mandatarios que se llevará a cabo mañana en San José de Costa Rica.

En breve declaraciones, el mandatario no quiso adelantar impresiones sobre esta cita, pero se expresó optimista en el logro de aspectos positivos, a fin de sentar pautas por los mismos centroamericanos en relación a la pacificación de los países que sufren luchas internas.

Acerca la propuesta de Costa Rica que le entregó el canciller de ese país, Rodrigo Madrigal Nieto, el mandatario dijo que existen acuerdos en muchas de sus partes, agregando que de todos modos era nada más una propuesta que hay que discutir y "posiblemente salga algo que pueda ser firmado por los cuatro presidentes de Centro América y posteriormente enviarlo al presidente de Nicaragua a ver si quiere suscribirlo", señaló.

Sin querer ahondar en detalles "porque es muy prematuro", el gobernante concluyó que esperar las deliberaciones de esa cita para ayudar en la solución de los problemas de la región.

El presidente hondureño parte hoy a San Pedro Sula donde en compañía de la primera dama, Miriam de Azcona, participará en un acto social de recaudación de fondos.

Este domingo en horas de la mañana viajará a San José, para reunirse con sus homólogos de El Salvador, Guatemala y Costa Rica.

La Tribuna / **14 de febrero de 1987**

Embajador en Washington se reúne con Azcona

TEGUCIGALPA.- El embajador de Honduras en Washington, Juan Agurcia, manifestó ayer en casa presidencial que la reunión de mañana en San José es una buena oportunidad para reanudar las gestiones regionales de paz.

Agurcia se entrevistó con el presidente José Azcona, encuentro en el que también participó el representante del gobierno norteamericano en nuestro país, Everett Briggs, sin que se conocieran los temas tratados.

El embajador en Washington que se encuentra en período de descanso, expresó que la iniciativa regional de paz propuesta por Costa Rica podría traer resultados positivos para el área.

Mañana se reúnen en Costa Rica los presidentes José Azcona Hoyo, Óscar Arias Sánchez, José Napoleón Duarte y Vinicio Cerezo Arévalo para analizar la nueva iniciativa regional de paz que ser entregada próximamente a Nicaragua.

La Prensa / **14 de febrero de 1987**

Comité de IV Juegos presenta informes al presidente Azcona

TEGUCIGALPA.- El presidente de la República y a la vez presidente del Comité Organizador de los IV Juegos Centroamericanos, ingeniero José Azcona se reunió con los miembros de este organismo en casa presidencial, para ver los adelantos realizados hasta el momento.

En la sesión se mostró al presidente Azcona los planos de las infraestructuras que se llevarán a cabo para el evento centroamericano a verificarse en el país en 1990.

Asistieron a la cita del director de la oficina del organismo, quien elaboró y diseñó los planos de las infraestructuras: estadio olímpico, gimnasio de boxeo, voleibol, artes marciales, edificio administrativo, etc.

Por parte del comité estuvieron el coordinador de los mismos, ingeniero Dalmiro Caballero, su cuerpo de asesores y el presidente del Comité Olímpico Hondureño, Julio Villalta H.

Presentado el informe completo y realizando algunas objeciones a los planos, se determinó que el día 27 se abrirán las plicas respectivas para ver qué compañía constructora hace la mejor oferta y dar inicio en el mes de marzo, las construcciones respectivas.

Para que las infraestructuras sean una realidad, sólo resta que las federaciones deportivas: FENOVOLEIH, FEHNA, FEHBA, FENAFUTH, FEDE, ATLETI, FHARMA, FENASOBH y FNDEH, presenten sus planes técnicos para darle cupo a la segunda etapa la planificación deportiva de las pre-selecciones en todos los deportes, que participarán en los IV Juegos. (JAC).

Tiempo / **16 de febrero de 1987**

Azcona Hoyo supervisará obras en su ciudad natal

LA CEIBA.- El presidente de la República, José Azcona Hoyo, estará en esta ciudad los días 17 y 18, para supervisar de cerca los avances de algunos proyectos que se realizan, conocer la factibilidad de otros y hacer entrega de subsidios.

En su visita a su ciudad natal, Azcona se hará acompañar del ministro de Comunicaciones, Obras Públicas y Transporte, Juan Fernando López, del director general de Obras Civiles, Emilio Torres, y el gerente de la Empresa Nacional Portuaria, Epaminondas Craniottis.

Durante su estancia, el mandatario supervisará los trabajos de construcción del puente El Higuerito y conocerá de cerca el levantamiento topográfico para la instalación del sistema de alcantarillas y aguas negras de la ciudad.

El Heraldo / **16 de febrero de 1987**

Sostiene Azcona

Tributos más altos, no ridículos, deben pagar quienes captan ingresos

Una agencia del Banco Municipal Autónomo (BANMA) fue instalada el sábado anterior en el Palacio Municipal de San Pedro Sula, con lo cual se modernizan las actividades de la corporación edilicia dando facilidades a los tributantes y a la ciudadanía.

Autoridades gubernamentales, diputados, representantes bancarios y de la iniciativa privada nacional, llegaron a los actos inaugurales, encabezados por el presidente José Azcona. (Foto Fernando Rivera).

La Tribuna / 16 de febrero de 1987

Inauguran sucursal de BANMA en municipalidad sampedrana

SAN PEDRO SULA.- El presidente de la República, ingeniero José Azcona, inauguró aquí el fin de semana una oficina del Banco Municipal Autónomo que funcionará en el edificio de la alcaldía local.

El presidente del BANMA, Rodrigo Alvarado Sagastume, expresó durante los actos de inauguración que la entidad brindará los servicios de cuentas de ahorro, de cheques, depósitos a plazo, venta de bonos libres de impuesto sobre la renta, apertura de cartas de crédito, garantías bancarias y otros servicios similares a los que prestan los bancos comerciales.

Agradeció el funcionario el apoyo del presidente Azcona a la institución, para poder hacer obras encaminadas a resolver los diversos problemas que afrontan las comunidades, así como también al alcalde Jerónimo Sandoval, quien en todo momento prestó su colaboración para llevar a feliz término la obra.

Al respecto el ingeniero escolar manifestó que al contribuyente hay que facilitarle las formas de pago. Es importante a su juicio que los vecinos de cada municipalidad se responsabilicen como los primeros aportantes a su gobierno edilicio.

Refirió además que a estas alturas ya no es posible que las municipalidades de Honduras puedan subsistir con pagos sobre impuestos vecinales como los que se pagan excepto en ésta y la ciudad de Tegucigalpa, pero cuando se aprobó el plan de impuestos de San Pedro Sula se quedó corto en relación a la Ley que tienen en la Capital. "Por eso es importante estandarizar el pago de los impuestos en toda Honduras para que las corporaciones municipales puedan aportar algo a las obras en beneficio de sus comunidades".

A la inauguración de la agencia de BANMA que operará en la municipalidad sampedrana, asistieron varios miembros del Gabinete de Gobierno del ingeniero Azcona, Diputados al Congreso Nacional, autoridades eclesiásticas y miembros de empresa privada.

El Presidente de la República cuando procedía a cortar la cinta dando por inaugurada la oficina bancaria. (Foto Guilmor).

La Prensa / 16 de febrero de 1987

Podemos suscribir cualquier convenio pues no estamos en guerra con nadie

SAN PEDRO SULA.- Entre los aspectos contentivos en la iniciativa de paz promovida por Costa Rica y avalada por algunos países del área que a juicio del presidente José Azcona tienen mayor relevancia para lograr la paz, se encuentra una amnistía general, la apertura de un diálogo con la oposición, el cese al fuego, la reducción del armamentismo, el control del mismo y una democratización a través de elecciones libres y honestas.

Así mismo lo manifestó aquí en una improvisada conferencia de prensa que ofreció tras la inauguración de una oficina bancaria que funciona en la municipalidad, haciendo hincapié en el caso del diálogo con la oposición, que ello es aplicable a países que tienen conflictos internos y que, en el caso de Honduras, hay diálogo con ésta y carecemos de un problema de guerra.

Sobre el documento entregado por una comisión de Contadora que será analizado en la minicumbre, expresó que el mismo fue ampliamente conocido por el Consejo de Seguridad, y contempla un anhelo muy loable de traer la paz a Centroamérica.

"Debemos entender que esta paz pasa por Managua y mientras ese país no esté pacificado, difícilmente habrá paz en la zona. En Honduras se puede suscribir cualquier convenio porque no estamos en guerra con nadie y aunque ello es así no significa que la oposición nicaragüense va a dejar de luchar por derrocar el gobierno Sandinista, que ellos consideran que está conculcando los derechos del pueblo nicaragüense", señaló.

LO DEL APAGON NO TIENE FUNDAMENTO

Lo del apagón que ocurrió durante se celebraba la Convención Nacionalista no tiene ningún fundamento para el mandatario y es del criterio que quienes corrieron la voz del corte de energía cuando el licenciado Callejas estaba pronunciando un discurso "hicieron muy mal".

Manifestó que no cree en ese apagón ya que el jefe de la División Norte de la ENEE es una persona seria que además pertenece al Partido Nacional, aparte que no creo que él se haya prestado porque esas cosas no son tan fáciles de hacer, sostuvo.

Sobre la oposición del Partido Nacional, indicó que es lógico, normal y regular que se dé esta situación, puesto que es lo que ocurre en todas partes del mundo "y a mí no me molesta porque sé que en determinado momento el PN va a querer aprovecharse de los errores reales –y a veces y no muy reales—del Gobierno Liberal".

Expresó por su parte que nunca existió un pacto de unidad con los nacionalistas, lo que hubo fue un arreglo político necesario para la estabilización el establecimiento del Gobierno, la conformación de la Junta Directiva del Congreso y del Poder Judicial.

Ese fue un arreglo que creo que en el momento en que se realizó, surtió efectos positivos para Honduras, no para un grupo de uno u otro partido con este último particular.

Por otro lado, sobre los desplazados de guerra de la frontera y la reubicación de estos, Azcona Hoyo dijo que desde el momento en que ocurrieron esos -no por los contrarrevolucionarios sino por la infiltración de elementos del Ejército Popular Sandinista que todavía están incursionando dentro de nuestro territorio-nunca se ha pensado dejar de ayudarles o resolver su problema.

Informó que se está construyendo un proyecto de vivienda en Trojes, con fondos de la AID e INVA, se han dado granos básicos a través de las alcaldías de El Paraíso y Danlí y hace alrededor de un mes se suscribió un convenio con la AID por 300 mil dólares canalizados por CARITAS de Danlí y la Cooperativa Apaguis Limitada. Otra cosa muy diferente es lo que está haciendo un cafetalero -presumiblemente el gerente de AHPROCAFE- queriendo explotar esta situación no sé con qué fin, pero exagerándolo todo, añadió.

Finalmente sobre la baja en la tasa intereses bancarios anunciada por el Congreso, el Presidente afirmó que se han bajado para algunos sectores y consideró la posibilidad de dialogar con la Comisión del Congreso y del Banco Central para buscar mecanismos que coadyuven al reducir los intereses en las áreas donde no se genere una espiral inflacionaria "porque si se rebajan impuestos para consumo -para ejemplo- estaríamos en una carrera inflacionaria que tarde o temprano nos llevaría a la devaluación".

Tras la inauguración, Azcona Hoyo se dirigió a una de las ventanillas de la sucursal de BANMA para abrir la primera cuenta de ahorro. (Foto Guilmor)

La Prensa / 16 de febrero de 1987

J. Azcona inaugura nueva sucursal de BANMA en SPS

SAN PEDRO SULA. El presidente José Azcona Hoyo inauguró la nueva agencia del Banco Municipal Autónomo que funciona en el costado Sur del Palacio Municipal.

El señor Azcona fue el primer cliente que abrió su cuenta de ahorro depositando una cantidad de 50 lempiras para dar por iniciadas las operaciones de la agencia bancaria.

Los actos estaban previstos para las 11:00 del mediodía del día sábado, pero empezaron a las 12:00 tras el arribo del presidente Azcona al local.

Jerónimo Sandoval, alcalde municipal, fue el primero en hacer uso de la palabra. En su discurso el ingeniero Sandoval dijo que en los 20 años de existencia del BANMA era la primera vez que daba un paso de avanzada.

También criticó el hecho de que a pesar de que la Municipalidad de San Pedro Sula posee 40 por ciento de las acciones del BANMA, no tiene ni un representante en la junta directiva de esa institución.

El gerente general del BANMA, Rodolfo Alvarado, dijo que la agencia está dotada de un moderno sistema de computación.

Por su parte el presidente azcona hizo suyas las críticas del alcalde municipal, quien ha fustigado a los diputados que engavetaron el proyecto de reforma administrativa municipal, mediante el cual se espera mejorar y agilizar los ingresos para las municipalidades del país.

Azcona dijo que es incorrecto que sólo las municipalidades de San Pedro Sula y Tegucigalpa tengan tarifas que les permiten obtener mayores ingresos, mientras el resto de municipalidades depende de los subsidios para hacer obras.

El presidente instó a todos los hondureños a ahorrar y pagar los impuestos, ya que sólo así se puede fortalecer económicamente a las municipalidades para que hagan obras. (DRM).

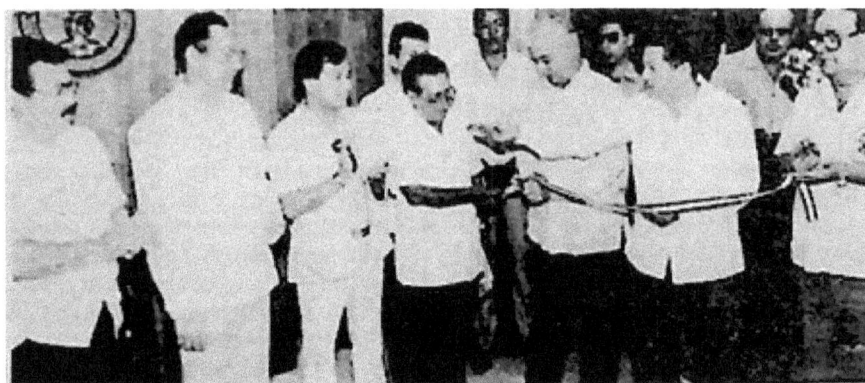

El presidente Azcona corta la cinta al inaugurar la agencia bancaria. Lo ayuda el ministro de Gobernación Raúl Elvir Colindres y lo observa el ministro y viceministro de Economía, Reginaldo Panting y Darío Hernández.

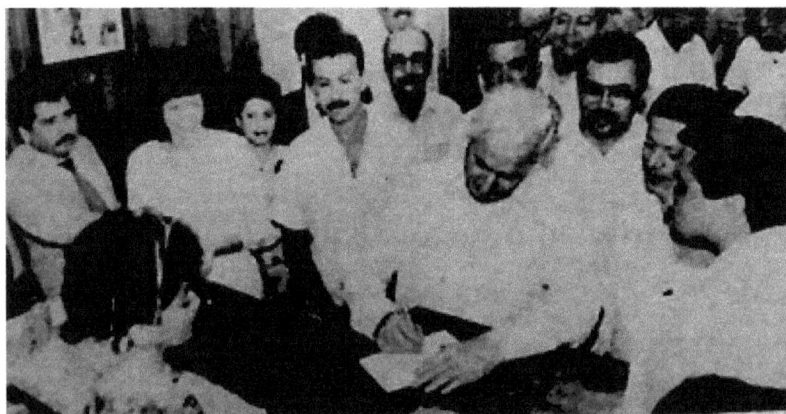

Azcona abrió la primera cuenta bancaria.

Tiempo / 16 de febrero de 1987

José Azcona

Ningún plan fructificará si no lleva la firma de los 5 países

Por HUMBERTO ARCE

SAN JOSÉ, Feb. 15 (AFP) – Las dificultades para lograr un acuerdo de Paz en Centroamérica, supeditado a la "democratización" de Nicaragua, fueron puestas de manifiesto hoy por los propios presidentes del istmo, durante la "reunión cumbre" realizada en San José.

En la reunión participaron como invitados especiales del presidente costarricense Óscar Arias, los gobernantes de Guatemala, Vinicio Cerezo, de Honduras, José Azcona, y de El Salvador, José Napoleón Duarte.

Empero, pese a su ausencia el presidente de Nicaragua, Daniel Ortega, quien no fue invitado por "su falta de identidad democrática", según los promotores del encuentro, también gravitó enormemente en esta conferencia presidencial.

El presidente de Honduras, José Azcona, advirtió que ningún acuerdo regional de paz podrá fructificar "si no lleva la firma de los cinco países" del istmo.

"Nada haríamos con emitir una declaración que no sea aceptada por Nicaragua, o que siendo aceptada por el gobierno sandinista la rechace la oposición, porque entonces no estaríamos resolviendo ningún problema", destacó Azcona.

La propuesta del presidente Arias, discutida hoy por los cuatro "presidentes democráticos" del istmo, proclama la necesidad de un alto el fuego en Nicaragua, la apertura de negociaciones entre los sandinistas y la oposición, y la programación de nuevas elecciones generales en aquel país.

"Aprobamos el planteamiento general del Presidente Arias, pero hay aspectos de su propuesta algunos de forma, en los que no estamos muy de acuerdo", declaró el gobernante hondureño.

Por su parte, el presidente salvadoreño Napoleón Duarte también destacó que "todos hablamos un mismo lenguaje democrático, pero existen diferencias lógicas" sobre cómo encarar el problema centroamericano.

Duarte rechazó, en particular, toda posibilidad de que el gobierno salvadoreño pacte un alto al fuego con el Frente Farabundo Martí de Liberación Nacional (FMLN), similar al que Arias propone entre el gobierno sandinista y los contrarios.

"No podemos parar fuerzas momentáneamente, para que mañana los mismos grupos sigan matando y destruyendo", advirtió Duarte.

Fuentes diplomáticas locales aseguran que, en un principio, Arias habría considerado la posibilidad de proponer un alto al fuego general para toda Centroamérica, para dar mayor equilibrio a su plan de paz y garantizarse una mejor aceptación a nivel internacional.

Mientras, el presidente guatemalteco Vinicio Cerezo mantuvo hasta ahora un "prudente" silencio, sobre la posición que asumirá su gobierno.

Empero, fuentes guatemaltecas han advertido que Cerezo adherirá al plan de Arias sólo en el tanto que éste no comprometa la "neutralidad activa" de su gobierno, ni conduzca a la formación de nuevos "bloques políticos o diplomáticos" en la región.

También, existe creciente incertidumbre sobre la posición de Estados Unidos en relación a esta nueva iniciativa de paz, aunque el senador Christopher Dodd anunció el respaldo de los demócratas, que controlan el Congreso y el Senado.

Medios diplomáticos regionales aseguran que la Casa Blanca y el Departamento de Estado norteamericano estarían a la espera de los "resultados concretos" de la cumbre presidencial de este domingo para definir su posición.

Empero, otras fuentes anticipan un rechazo de la Administración Reagan al plan de Arias, al menos en lo referido a la suspensión de la ayudar a los contras, que según el presidente costarricense deberá complementar el cese al fuego en Nicaragua.

El líder del Partido Comunista de Costa Rica, Manuel Mora, calificó hoy de "ingenua" la propuesta de Arias, y advirtió que Estados Unidos "no abandonará sus planes militares de invadir Centroamérica" salvo que el asunto se negocie a nivel de las Naciones Unidas.

Este clima de divisionismo y confrontación política que priva en Centroamérica se proyectó hoy en los alrededores del propio Teatro Nacional de San José, sede de la cumbre presidencial, donde "chocaron" verbalmente grupos opositores y afines al sandinismo.

"Si a la democracia, no al comunismo", gritaban grupos de refugiados nicaragüenses, mientras que los simpatizantes del sandinismo advertían a los presidentes centroamericanos que la paz en la región parte del "respeto a la soberanía y la libre autodeterminación de los pueblos".

Los presidentes José Azcona, Vinicio Cerezo, Oscar Arias y José Napoleón Duarte, durante la reunión sostenida en el Teatro Nacional de San José. (Salinas).

La Tribuna / **16 de febrero de 1987**

Reunión con Ortega deciden presidentes

SAN JOSÉ, Feb. 15 (AFP).- Los presidentes "democráticos" de Centroamérica fracasaron esta noche en su afán de proponer un nuevo Plan de Paz, basado en la "democratización" en Nicaragua, y únicamente convinieron en volver a reunirse, junto con el presidente nicaragüense Daniel Ortega, dentro de 90 días.

Después de casi nueve horas de discusión, los presidentes Vinicio Cerezo (Guatemala), José Azcona (Honduras), Napoleón Duarte (El Salvador), y Oscar Arias (Costa Rica), no lograron aprobar la parte resolutiva de la propuesta elaborada por el mandatario costarricense.

La "Cumbre de los presidentes democráticos" solamente recalcó que "la paz reclama su hora en Centroamérica" y dejó para una próxima reunión, en Esquipulas, Guatemala, a la que será invitado Ortega, el análisis de la parte resolutiva del Plan Arias.

Cerezo, Azcona, Duarte y Arias concluyeron su encuentro con un llamado urgente "a promover la solución pacífica de la crisis regional en plazos claramente determinados", pero no lograron ningún acuerdo concreto al respecto.

Empero, los presidentes de Guatemala, Honduras y El Salvador dieron su apoyo moral a la propuesta de Arias, cuyos principales puntos son:

- Decreto de una amnistía general para los delitos políticos y conexos, en todos aquellos países centroamericanos donde existan luchas armadas, y la creación de una Comisión Nacional de Reconciliación y Diálogo.

- Apertura de un diálogo amplio con todos los grupos desarmados de la oposición política interna, en esos mismos países.

- Simultáneo al inicio de ese diálogo, las partes beligerantes de cada país suspenderán las acciones militares.

- También deberá iniciarse, de inmediato y en forma verificable, un auténtico proceso democrático, pluralista y participativo que implique la promoción de la justicia social.

- Para verificar la buena fe en el desarrollo de este proceso de democratización, deberá existir completa libertad de prensa, radio y televisión, y deberá darse el pluralismo político partidista total.

- Creadas las condiciones inherentes a toda democracia, deberán celebrarse elecciones libres, pluralistas y honestas, en los cinco estados de la región, en forma simultánea y bajo vigilancia de la OEA, para la integración del Parlamento Centroamericano, en el primer semestre de 1988.

- Posteriormente, deberán realizarse en cada país, con iguales garantías y vigilancia internacionales, dentro de los plazos establecidos en las respectivas constituciones políticas, elecciones generales igualmente libres y democráticas.

- Tras la aprobación del plan, los cinco gobiernos centroamericanos solicitarán a los gobiernos extrarregionales que, abierta o veladamente, proporcionan ayuda militar a las fuerzas irregulares, la suspensión de esa ayuda, por considerarla atentatoria a los esfuerzos de paz en el área, y pedirán también a los grupos insurgentes que sea abstengan de recibir dicha ayuda.

- Todos los países de Centroamérica reiteran su compromiso de impedir el uso del propio territorio y no prestar ni permitir apoyo militar y logístico a personas o grupos que intenten desestabilizar a gobiernos vecinos.

- Los cinco Estados centroamericanos iniciarán negociaciones sobre control y reducción del inventario actual de armamentos y sobre el número de efectivos militares. Esas negociaciones abarcarán, también, medidas para el desarme de las fuerzas irregulares.

- Deberá instalarse un comité de seguimiento, integrado por los secretarios generales de la ONU, la OEA, y los cancilleres del Grupo Contadora y su Grupo de Apoyo, cuya función será supervisar y verificar el cumplimiento de los anteriores acuerdos.

SAN JOSE.- Los cuatro presidentes democráticos del área se dieron cita en San José para discutir la propuesta de paz en Centroamérica elaborada por el mandatario de Costa Rica, Oscar Arias. En la gráfica, los gobernantes escuchan los himnos nacionales de sus países. De izquierda a derecha: José Azcona, de Honduras; Vinicio Cerezo, de Guatemala; el anfitrión Óscar Arias y Napoleón Duarte, de El Salvador. (Lasserfoto AFP, exclusiva para LA TRIBUNA).

La Tribuna / **16 de febrero de 1987**

La paz en Centroamérica

B.- Los puntos de este documento forman un todo armónico e indivisible.

C.- Su firma entraña la obligación de cumplir dentro de los plazos estipulados, los puntos de este procedimiento para una paz firme y duradera en Centroamérica.

Los cuatro presidentes Cerezo, Azcona, Arias y Duarte, analizaron este documento "base" durante tres horas.

Niños con las banderas de los cuatro países centroamericanos dan la bienvenida presidente hondureño que es acompañado por su colega Oscar Arias. (Salinas).

Honduras dispuesta a retirar los asesores norteamericanos

SAN JOSÉ, COSTA RICA. (Por Luis Alfredo Martínez, enviado especial).- Cualquier protesta de paz para Centroamérica "no tiene ningún valor", si no está avalada por los cinco gobernantes de la región, afirmó ayer el presidente José Azcona Hoyo, quien admitió que hay un rechazo de los hondureños hacia los grupos antisandinistas pero sostuvo que no para las tropas norteamericanas acantonadas en el país.

En conferencia de prensa brindada en el aeropuerto Juan Santamaría de esta capital, minutos después de arribar con procedencia de San Pedro Sula, el mandatario reiteró que "el problema de la contra no es de Honduras".

Azcona Hoyo, junto a sus colegas de Costa Rica, El Salvador y Guatemala, cumplieron dos jornadas de discusiones en torno a la propuesta "una hora para la paz", formulada por el gobernante anfitrión, Óscar Arias Sánchez.

La reunión, realizada por iniciativa del gobernante tico, tuvo lugar en el teatro nacional, un hermoso edificio de casi un siglo de haber sido construido y localizado en el centro de la ciudad.

El primer mandatario en arribar a Costa Rica fue el salvadoreño José Napoleón Duarte, quien llegó aproximadamente a las 7:30 de la noche del sábado de lo cual ofreció una conferencia de prensa a los periodistas en la terminal aérea.

Los presidentes hondureño y guatemalteco, Azcona Hoyo y Vinicio Cerezo, llegaron ayer por la mañana al aeropuerto, donde, al igual que Duarte, fueron recibidos por Arias Sánchez y altos funcionarios de su gobierno.

Azcona Hoyo expresó sus esperanzas de que los cuatro gobernantes "contribuyamos sin resistencias" a buscar una salida pacífica a la crisis político-militar de la región.

"Ellos (los contras), son parte importante del problema, pero nosotros no podemos hablar por ellos", afirmó Azcona Hoyo en su comparecencia, en la que estuvo acompañado por el canciller Carlos López Contreras.

Como resultado sobre la ausencia de Nicaragua en las discusiones, el gobernante hondureño aseveró que "no ha habido exclusión" y dijo que el resultado de las pláticas se le planteará al presidente Daniel Ortega, pues la propuesta de Arias Sánchez "no tiene ningún valor si no está suscrita por los cinco gobernantes de Centroamérica", al igual que cualquier otra que se presente.

Reiteró que "la paz de Centroamérica, pasa por Managua", y dijo que Honduras no está en guerra con Nicaragua, y que ningún soldado hondureño ha disparado su rifle contra ese país tampoco desde Honduras va a producirse una invasión a Nicaragua.

"Todos los hondureños están en paz y viven la democracia plenamente", comentó.

Y dijo que, si alguna vez se realizan elecciones libres en Nicaragua, "iría a Managua a felicitar a los vencedores, aunque fueran los mismos sandinistas, siempre que en las elecciones participaran todas las fuerzas políticas del país y fueran unos comicios verdaderamente limpios.

Sobre la política de neutralidad preconizada por el presidente de Guatemala, Vinicio Cerezo, el presidente de Honduras, dijo que "respeto su posición, aunque en alguna medida no la comparto".

"Creo que para el bien de Nicaragua y para el bien de Centroamérica, es necesario ejercer algún tipo de presión sobre el gobierno sandinista para que abra las posibilidades políticas y que se terminen los enfrentamientos armados que ha sufrido el pueblo de Nicaragua.

"Hemos sido atacados muchas veces por el señor Ortega", subrayó el presidente de Honduras al referirse a versiones de aquel en el sentido de que el país, se ha convertido en una de neocolonia de los Estados Unidos, y recordó que los ataques han sido publicados en medios informativos hondureños.

"Ortega tiene derecho a hablar lo que quiera", dijo Azcona Hoyo, "su gobierno está más alineado de lo que puede estar el de Honduras, él puede decir lo que se le antoje decir".

Luego de su conferencia de prensa, el mandatario, Arias Sánchez y Cerezo, quien llegó retrasado desde Guatemala, partió hacia el Teatro Nacional, por la extensa autopista "General Cañas", donde estableció un rígido sistema de seguridad, al igual que en dicho local.

La vía fue adornada con banderas blancas y de Costa Rica, en tanto miles de alumnos de escuelas capitalinas se apostaron ataviados con sus uniformes portando también el emblema nacional, para saludar a los dignatarios visitantes.

Los cuatro presidentes, tras su llegada a la sede de las pláticas, escucharon los himnos de sus países en la parte frontal del teatro y luego pasaron al interior, aproximadamente a las 11:30 de la mañana, para concretar la primera ronda de conversaciones en torno a la propuesta de Arias Sánchez.

Al finalizar, poco más de una hora después, se dirigieron a la residencia privada del presidente costarricense, quien les ofreció un almuerzo, y luego descansaron en un conocido hotel Josefino.

Poco antes de las siete de la noche retornaron al Teatro Nacional para firmar la propuesta y brindar una conferencia de prensa.

El presidente Azcona responde a las preguntas de los periodistas en conferencia de prensa celebrada en el Aeropuerto Juan Santamaría. Acompaña al mandatario el canciller López Contreras.

La Prensa / **16 de febrero de 1987**

Azcona recibe plan de paz tico

TEGUCIGALPA. El ministro de Relaciones Exteriores de Costa Rica, Rodrigo Madrigal Nieto, entregó ayer al presidente José Azcona hoyo una copia del borrador de la propuesta de paz para Centroamérica del gobierno costarricense, que será discutida en la minicumbre de mandatarios centroamericanos que se llevará a cabo el domingo próximo en San José, Costa Rica.

Madrigal Nieto visitó al presidente Azcona junto al ministro de la Presidencia de Costa Rica, Rodrigo Arias Sánchez, y en la reunión participó también el canciller Carlos López Contreras.

"Hemos reiterado la invitación que le había hecho el presidente Oscar Arias Sánchez al presidente Azcona, y él la ha recibido con mucha simpatía", dijo Madrigal al término de la reunión.

El canciller costarricense expresó que el presidente de Nicaragua, comandante Daniel Ortega, no fue invitado a la reunión que sostendrán los mandatarios de Costa Rica, Honduras, El Salvador y Guatemala, porque se quieren reunir primero los presidentes de los países que tienen una mayor identidad en cuanto sistema de gobierno y filosofía política y, desde luego, el propósito es plantearle esto a Nicaragua e incorporarla a ese esfuerzo por la paz de Centro América".

La propuesta de paz de Costa Rica, señaló, "está dentro del mismo espíritu que privó en la reunión que terminó ayer en Guatemala, y no es un esquema que en nada debilita y contradice el Grupo de Contadora, todo lo contrario".

Recalcó que dicho plan es más bien una ratificación al proceso de paz del Grupo de Contadora y "darle algunas funciones específicas".

Al referirse a las dudas que han surgido en relación a la minicumbre de mandatarios, el canciller costarricense manifestó que "es una cosa que se está trabajando en este momento y puede haber muchas formas, conductas para establecer un diálogo que sea eficaz, que sea productivo, que contribuya a la paz en Centro América".

Finalmente, dijo que la reunión de los cuatro presidentes centroamericanos tiene una buena acogida en los países europeos, "hace pocos días hice una gira por 7 países de Europa y la reacción ha sido muy favorable a esta reunión". (TDG).

Tiempo / **12 de febrero de 1987**

Ultiman detalles sobre visita de José Azcona a Europa e Israel

Los preparativos del viaje del presidente de la República ingeniero José Azcona, que lo llevará por España, Italia e Israel en los próximos meses están siendo elaborados por una comisión del gobierno y de los países que visitará.

Para tal efecto se reunieron recientemente el representante de la (FAO), Carlos Bastanchuri, el ministro de Recursos Naturales, Rodrigo Castillo Aguilar, el embajador de Honduras ante el gobierno italiano, Arturo López Luna y el asesor técnico de Recursos Naturales, Ernesto Ochoa, para discutir los lineamientos que en materia de asistencia técnica y económica buscará el mandatario hondureño en su gira por Europa.

Específicamente se ha informado que el gobierno de Italia y la FAO, han prometido apoyo para continuar desarrollando algunos proyectos del control de la mosca del Mediterráneo, algunos aspectos forestales, así como la transformación de alimentos y otros.

Hasta ahora no se conoce la fecha de salida ni la agenda de trabajo que el mandatario desarrollará por Europa, pero de acuerdo a los puntos discutidos, el presidente Azcona buscará principalmente apoyo económico para algunos proyectos que tiene prioridad el gobierno de Honduras.

El representante de la FAO en Honduras, Carlos Bastanchuri, y el ministro de Recursos Naturales, Rodrigo Castillo Aguilar, así como su equipo de asesores han empezado a delinear los puntos de agenda que el mandatario hondureño realizará por Europa e Israel.

Tiempo / **12 de febrero de 1987**

Romperán calles capitalinas para nuevas líneas telefónicas

La Empresa Hondureña de Telecomunicaciones (HONDUTEL) procederá a romper las principales calles del centro de la capital para la instalación de 32 mil nuevas líneas telefónicas, según informaron ayer sus directivos al presidente José Azcona Hoyo.

En la reunión también estuvieron presentes los miembros del Comité Vial de Tegucigalpa, quienes respaldan la actividad de HONDUTEL por considerar que "el progreso tiene un costo para la ciudadanía", según informó el regidor municipal, Marco Antonio Chávez.

Según el funcionario edilicio, el Comité Vial ha decidido desviar del centro de la ciudad el tráfico automotor por un período aproximado de 90 días, tiempo estipulado para los trabajos que desarrollará HONDUTEL, aunque la inhabilitación de las calles se hará por etapas.

Igual suerte correrán las calles de otras ciudades importantes del país, como San Pedro Sula, Puerto Cortés y Comayagua, donde HONDUTEL procederá a instalar 22 mil nuevas líneas telefónicas, para sustituir las del viejo código "22".

Chávez dijo que el Comité Vial ya diseñó el plan para desviar el tráfico automotor por calles secundarias, especialmente el transporte urbano y que el principal problema de embotellamiento de vehículos se presentará en las cercanías del Cine Variedades por un periodo de 28 días.

El presidente Azcona excitó a HONDUTEL y al Comité Vial a concientizar a la ciudadanía sobre los problemas que ocasionarán los trabajos telefónicos y, en ese sentido, ambas instituciones ofrecerán hoy una conferencia de prensa para informar detalladamente sobre el particular.

Funcionarios de HONDUTEL y el Comité Vial explicaron al Presidente Azcona la decisión para abrir las calles de Tegucigalpa e instalar 32 mil nuevas líneas de teléfonos. (Foto Salgado).

El Heraldo / 12 de febrero de 1987

Senador demócrata

Cumbre de San José puede favorecer causa de la paz

TEGUCIGALPA.- El jefe del Sub-Comité de Relaciones Exteriores, Christopher Dood, confía en que la cumbre presidencial de San José, Costa Rica, será favorable para lograr el camino de la paz en Centroamérica.

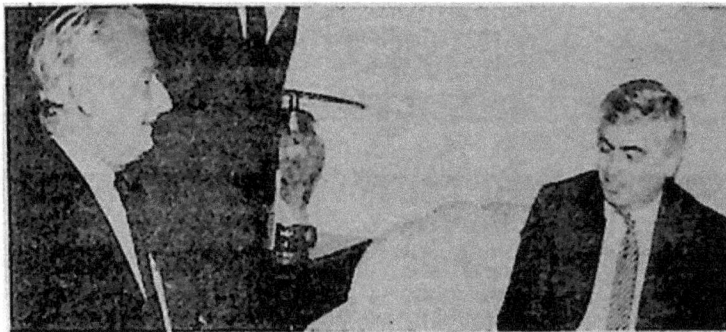

Christopher Dood, senador demócrata dialoga con el ingeniero José Azcona en su despacho.

Dood, senador demócrata, se reunió con el presidente José Azcona, para hablar de asuntos bilaterales y la problemática centroamericana.

Al abandonar casa de gobierno, Dood dijo que nadie sabe si se continuará proporcionando la ayuda a los antisandinistas.

73

Dijo que habló de muchas cosas con el mandatario, pero no entró en mayores detalles, señalando que la reunión de San José, es una gran oportunidad para encontrar el camino de la paz ya que estarán reunidos gobiernos demócratas.

Manifestó el senador estadounidense que el mandatario hondureño es un hombre con grandes dotes de demócrata, y que, por lo tanto, espera que haga algo positivo para el país.

La Prensa / **13 de febrero de 1987**

Standard y la Tela confirman que ampliarán sus inversiones

Las dos transnacionales bananeras que operan en Honduras, la Standard Fruit Company y la Tela Railroad Company, confirmaron ayer al gobierno que ampliarán sus operaciones en el país con una inversión global de 90 millones de lempiras.

El designado presidencial, Jaime Rosenthal Oliva, informó que durante los últimos días los ejecutivos de ambas compañías sostuvieron reuniones por separado con el presidente José Azcona y algunos de sus ministros del sector económico para estudiar la expansión de sus operaciones.

"La Standard se ha comprometido a invertir 30 millones de lempiras y está en negociaciones con sus trabajadores a quienes les garantizará la estabilidad laboral por un período de tres años, para que se sientan seguros de sus empleos", indicó Rosenthal.

La nueva inversión de la Standard la hará en un período de tres años en sistemas de irrigación, transporte y la siembra de más acres de banano.

"También la Tela Railroad Company nos anunció que invertirá unos 60 millones de lempiras adicionales en la siembra de banano y mejorará su sistema de irrigación lo que significa que ambas compañías tienen confianza en el país y su gobierno", señaló.

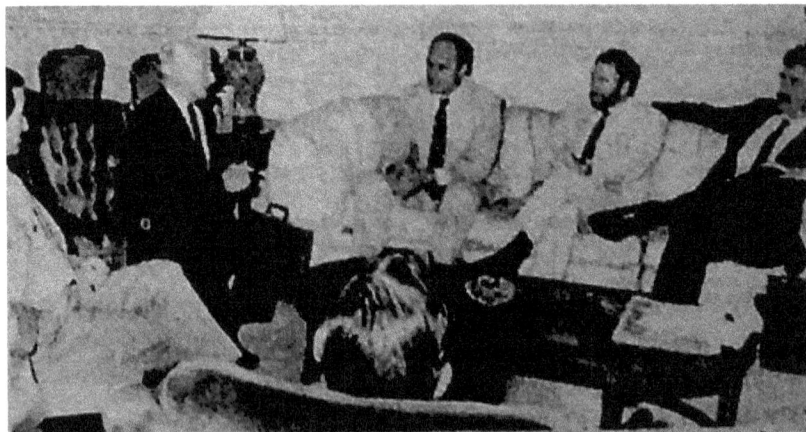

El presidente José Azcona durante la reunión que sostuvo ayer con los ejecutivos de la transnacional bananera Standard Fruit Company.

La Tribuna **13 de febrero de 1987**

Propuesta de paz de San José

Esta es la declaración conjunta de los presidentes de Guatemala, Honduras, El Salvador y Costa Rica durante la reunión cumbre de San José. Además, se incluye la propuesta de paz del Dr. Oscar Arias.

<u>Una hora para la paz</u>

La paz de las Américas sólo puede sustentarse en la independencia de cada una de sus naciones; en la cooperación política y económica entre sus pueblos; en el disfrute de las más amplias libertades; en la vigencia de regímenes democráticos estables, en la satisfacción de las necesidades básicas de sus habitantes y el desarme progresivo.

La paz que reclama su hora. Las dictaduras que por tantos años han regido los destinos de muchos pueblos de este Continente, han violado de manera sistemática los derechos del hombre y han sumido a la población en la miseria, la explotación, la servidumbre, la desigualdad y la injusticia.

La paz reclama su hora. En unos pocos países de América persisten dictaduras y con ellas sobreviven las prácticas de irrespeto a los más altos valores del hombre. La paz que reclama su hora, reclama entonces el final de las dictaduras que aún subsisten. Es necesario propiciar, juntos, la sustitución de las tiranías ahí donde los pueblos son víctimas de la privación de la libertad en cualquiera de sus formas. Esa sustitución se concibe de manera preferente como el tránsito pacífico, sin derramamiento de sangre, hacia la democracia.

La paz reclama su hora, también reclama terminar con la pobreza extrema; reclama que se haga efectiva la igualdad de oportunidades para todos. Sin este compromiso con la justicia persistirán los conflictos.

La paz reclama su hora, también reclama el robustecimiento de la democracia en todas las naciones de América. Ahí donde se han abierto las puertas de la libertad y la democracia, donde los hombres pueden elegir libre y periódicamente a sus gobernantes, donde prevalecen el pluralismo político, el diálogo y la expedita manifestación de las ideas, la lucha armada sólo puede interpretarse como el deseo de establecer una nueva dictadura; no se trata de luchas libertarias, sino de pugnas de fanáticos que pretende imponer, por la fuerza, el pensamiento de una minoría, cualquiera que sea su signo ideológico. Ejemplos claros de estas luchas fanáticas, cuya consigna es impedir el desarrollo de la libertad en las democracias, son las guerrillas que persisten en El Salvador, Perú y Colombia.

Para Centroamérica, los gobiernos de Costa Rica, El Salvador, Guatemala y Honduras reclaman la hora de la paz. Quieren una paz estable y duradera: la paz que sólo puede darse dentro de un régimen democrático y comprometido con los más necesitados. Buscan estos Gobiernos la reconciliación de los pueblos, para que no sigan matándose hermanos. Reafirman su fe en la solución política de los problemas y proclaman que en la libertad y en la democracia el diálogo reemplaza al fusil, la seguridad destierra al temor y la cooperación sustituye el egoísmo.

En el esfuerzo por hacer que prevalezca la paz, Centroamérica no está sola. Desde hace cuatro años, el Grupo de Contadora, con su mediación, expresa el sentir de una América Latina que busca soluciones pacíficas entre sus pueblos. El Grupo de Apoyo a Contadora es la expresión de pueblos hermanos que, habiendo reencontrado el camino de la democracia, pregonan que la libertad y la democracia son insustituibles para alcanzar la reconciliación en Centroamérica. La Organización de los Estados Americanos ha sido testigo de solemnes promesas para establecer la democracia y ha sido protagonista de muchos esfuerzos en favor de la paz y del respeto a los compromisos contraídos por las partes. Las Naciones Unidas se han interesado vivamente en el problema centroamericano, conforme a las responsabilidades que le atañen en la promoción de la paz en el mundo.

Los Gobiernos de Centroamérica han participado activamente en el proceso para alcanzar la seguridad y la convivencia pacífica en la región. Este proceso condujo a los cinco Estados a coincidir en el "Documento de objetivos" del Grupo de Contadora y en la "Declaración de Esquipulas".

Los Gobiernos democráticos de Centroamérica, conscientes de que les corresponde la responsabilidad política de solucionar sus propios problemas, estiman que es urgente establecer las acciones definitivas y verificables que se requieren para promover la solución de la crisis regional en plazos claramente determinados.

Es necesario transformar el pensamiento en acción y los acuerdos en realidades. Es hora de actuar. El cumplimiento de los acuerdos engrandece el diálogo, revive la fe entre los pueblos y previene la violencia y la guerra.

Los Presidentes de Costa Rica, El Salvador, Guatemala y Honduras, inspirados en la "Carta de la Organización de los Estados Americanos" (Carta de Bogotá) y en la" Carta de Naciones Unidas", en su propósito de promover la solución pacífica de las controversias e instar a los Estados a prevenir y eliminar amenazas a la paz y a la seguridad regional, declaran que consideran el documento presentado por el señor Presidente de Costa Rica, que más adelante se consigna, como instrumento viable, oportuno y constructivo para encontrar la paz de Centroamérica por medio de la negociación política.

Afirman su decisión de profundizar en su análisis para que, con las sugerencias modificaciones que consideren oportunas, se ponga a discusión y aprobación en una reunión de los cinco Presidentes de los países centroamericanos, que deberá realizarse en Esquipulas dentro de los 90 días a partir de la presente fecha.

Los Jefes de Estado aquí reunidos solicitan al Gobierno de Costa Rica que transmita el presente documento al Gobierno de Nicaragua e invite al presidente Daniel Ortega Saavedra a concurrir a la reunión de Esquipulas.

El propósito de la reunión de Esquipulas será el de conocer las modificaciones que los Gobiernos estimen necesarias para buscar el robustecimiento de la democracia y establecer, así, la paz firme y duradera.

Óscar Arias Sánchez
Presidente
República de Costa Rica

José Napoleón Duarte
Presidente
República de El Salvador

Vinicio Cerezo Arévalo
Presidente
República de Guatemala

José Azcona Hoyo
Presidente
República de Honduras
San José, Costa Rica, 15 de febrero de 1987.

Procedimiento para establecer la paz firme y duradera en Centroamérica.

Los Gobiernos de los cinco Estados de Centroamérica se comprometen a seguir el procedimiento que aquí se consigna, para alcanzar los objetivos y desarrollar los principios establecidos en la "Carta de las Naciones Unidas", la "Carta de la Organización de los Estados Americanos", la "Declaración de Guatemala", la "Declaración de Punta del Este", el "Comunicado de Panamá", el "Documento de objetivos" del Grupo de Contadora, el "Mensaje de Caraballeda para la Paz, la Seguridad y la Democracia en América Central", el proyecto de "Acta de Contadora para la Paz y la Cooperación en Centroamérica", y la "Declaración de Esquipulas". Para esos propósitos, procederán como de seguido se consigna.

1. RECONCILIACIÓN NACIONAL.

a) Amnistía.

En los 60 días siguientes a la firma de este documento por los Gobiernos de los Estados centroamericanos, en aquellos de estos países en donde existan luchas armadas deberá decretarse una amnistía general para los delitos políticos y conexos. Los respectivos decretos de amnistía deberán establecer todas las disposiciones que garanticen la inviolabilidad de la vida, la libertad en todas sus formas, los bienes materiales y la seguridad de las personas.

Asimismo, esos decretos crearán, en cada uno de dichos Estados, una Comisión Nacional de Reconciliación y Diálogo, integrada por representantes del Gobierno, de la Oposición política interna, de la Iglesia Católica de la Comisión Interamericana de Derechos Humanos, que tendrá las funciones de atestiguar la vigencia real del proceso de reconciliación nacional.

En un plazo que no excederá de 6 meses después de la firma de este documento, el decreto de amnistía deberá estar plenamente cumplido en todos sus extremos, de manera real y eficaz, a juicio de la citada Comisión.

b) Diálogo

Los Gobiernos de los Estados de América Central que padecen luchas armadas deberán iniciar, o robustecer, en su caso, a partir de la firma de este documento, un diálogo amplio con todos los grupos desarmados de oposición política interna, como medio de fortalecimiento cívico y de "promover acciones de reconciliación nacional en aquellos casos donde se han producido profundas divisiones dentro de la sociedad, que permitan la participación, de acuerdo con la ley, en los procesos de carácter democrático" (Documento de objetivos).

2. CESE DEL FUEGO

Simultáneamente con el inicio del diálogo, las partes beligerantes de cada país suspenderán las acciones militares.

3. DEMOCRATIZACIÓN.

A partir de la firma de este documento, deberá iniciarse un "auténtico proceso democrático pluralista y participativo que implique la promoción de la justicia social, el respeto a los Derechos Humanos, la soberanía de la integridad territorial de los Estados y el derecho de todas las naciones a determinar libremente y sin injerencias externas de ninguna clase, su modelo económico, político y social" (Declaración de Esquipulas), y comenzarán a adoptarse, de manera verificable, "las medidas conducentes al establecimiento y, en su caso, al perfeccionamiento de sistemas democráticos, representativos y pluralistas que garanticen la efectiva participación popular en la toma de decisiones y aseguren el libre acceso las diversas corrientes de opinión a procesos electorales honestos y periódicos, fundados en la plena observancia de los derechos ciudadanos" (Documento de objetivos). Para efectos de verificar la buena fe en el desarrollo de este proceso de democratización", se entenderá que:

a) A los 60 días, contados a partir de la firma de este documento, deberá existir completa libertad para la televisión, la radio y la prensa. Esta completa libertad comprenderá la de abrir y mantener en funcionamiento medios de comunicación para todos los grupos ideológicos, sin excepción de ninguna naturaleza, y para operar los medios sin sujeción a censura previa.

b) En el mismo plazo, debe manifestarse el pluralismo político partidista total. Las agrupaciones políticas tendrán, en ese aspecto, amplio acceso a los medios de comunicación, pleno disfrute de los derechos de asociación ideales y de las facultades de realizar manifestaciones públicas, así como el ejercicio irrestricto de la publicidad horaria, escrita y televisiva para difundir sus ideales.

4. ELECCIONES LIBRES.

Creadas las condiciones inherentes a toda democracia, deberán celebrarse elecciones libres, pluralistas y honestas. La primera expresión conjunta de los estados centroamericano para garantizar ante el mundo entero la honestidad del proceso, que se regirá por las más estrictas normas de igualdad de acceso de todos los partidos políticos a los medios de comunicación social, así como por amplias facilidades para que realicen manifestaciones públicas y todo otro tipo de propaganda proselitista.

Luego de efectuadas las elecciones para integrar el Parlamento Centroamericano, deberán realizarse, cada país, con iguales garantías y vigilancia internacionales, dentro de los plazos establecidos en las respectivas Constituciones Políticas, elecciones igualmente libres y democráticas para el nombramiento de representantes populares en los municipios, el parlamento y la Presidencia de la República.

5. SUSPENSIÓN DE LA AYUDA MILITAR.

Simultáneamente con la suscripción de este documento, los Gobiernos de los cinco Estados Centroamericanos les solicitarán a los gobiernos extrarregionales que, abierta o veladamente, proporcionan ayuda militar a los insurgentes o fuerzas irregulares, que suspenden esa ayuda. Solicitarán simultáneamente a las fuerzas irregulares y a los grupos insurgentes que actúan en América Central, abstenerse de recibir esa ayuda, en aras de un auténtico espíritu latinoamericanista. Estas peticiones se harán en cumplimiento de lo establecido en el "Documento de objetivos" en cuanto a "Eliminar el tráfico de armas, intrarregional o proveniente de fuera de la región, destinado a personas, organizaciones o grupos que intenten desestabilizar a los gobiernos de los países centroamericanos".

6. NO USO DEL TERRITORIO PARA AGREDIR A OTROS ESTADOS

Los cinco países que suscriben este documento reiteran su compromiso de "Impedir el uso del propio territorio y no prestar ni permitir apoyo militar y logístico a personas, organizaciones o grupos que intenten desestabilizar a los gobiernos de los países de Centroamérica" (Documento de objetivos).

7. REDUCCIÓN DEL ARMAMENTO.

En el plazo de 60 días, contados a partir de la firma de este documento, los Gobiernos de los cinco Estados Centroamericanos iniciarán "negociaciones sobre control y reducción del inventario actual de armamentos y sobre el número de efectivos en armas" (Documento de objetivos). Para ellos, los cinco Gobiernos aceptan el procedimiento contenido en la "Propuesta conjunta de Costa Rica y Guatemala", presentada en las deliberaciones del Grupo de Contadora.

Estas negociaciones abordarán, también, medidas para el desarme de las fuerzas irregulares que actúan en la región.

8. SUPERVISIÓN NACIONAL INTERNACIONAL

a) Comité de Seguimiento

Dentro del plazo de 30 días, a partir de la firma de este documento, deberá quedar instalado un Comité de Seguimiento, integrado por el Secretario General de las Naciones Unidas, el Secretario General de la Organización de los Estados Americanos, los Cancilleres del Grupo de Contadora y los Cancilleres del Grupo de Apoyo. Este Comité tendrá las funciones de supervisión y verificación del cumplimiento de los compromisos contenidos en este documento. Sus funciones de seguimiento se aplicarán aún en aquellos casos en que se establecen otros órganos de vigilancia y cumplimiento.

b) Respaldo y facilidades a los organismos de supervisión

Con el objeto de fortalecer la gestión del Comité de Seguimiento, los Gobiernos de los cinco Estados centroamericanos emitirán declaraciones de respaldo a su labor. A estas declaraciones podrán adherirse todas las naciones interesadas en promover la causa de la libertad, la democracia y la paz Centroamérica.

Los cinco Gobiernos brindarán todas las facilidades necesarias para el cabal cumplimiento de las labores investigaciones a cargo de la Comisión Nacional de Reconciliación y Diálogo de cada país y del Comité de Seguimiento.

9. EVALUACIÓN DE LOS PROGRESOS HACIA LA PAZ

En la fecha que oportunamente convendrán, pero en todo caso dentro de los 6 meses posteriores a la suscripción de este documento, los Presidentes de los Cinco Estados Centroamericanos se reunirán en Esquipulas, Guatemala, con el propósito de evaluar los avances de los compromisos aquí adquiridos.

10. DEMOCRACIA Y LIBERTAD PARA LA PAZ Y PAZ PARA EL DESARROLLO

En el clima de libertad que garantiza la democracia, los países de América Central adoptarán los acuerdos económicos y culturales que permitan acelerar el desarrollo, para alcanzar sociedades más igualitarias y libres de la miseria.

Los puntos comprendidos en este documento forman un todo armónico e indivisible. Su firma entraña la obligación, aceptada de buena fe, de cumplir, dentro de los plazos establecidos, todos los puntos de este "Procedimiento para establecer la paz firme y duradera en Centroamérica".

Este documento rige a partir de la fecha que sea firmado por los Presidentes de los Gobiernos de los cinco Estados de América Central.

Óscar Arias Sánchez

Presidente

República de Costa Rica

Vinicio Cerezo Arévalo

Presidente

República de Guatemala

Daniel Ortega Saavedra

Presidente

República de Nicaragua

*Tiempo/*18 de febrero de 1987

Azcona recibirá hoy a otros diez congresistas de EE. UU.

TEGUCIGALPA.- (Por Faustino Ordóñez Baca).- Tres norteamericanos, miembros del Comité de Asignaciones de la Cámara de Representantes se reunieron ayer por dos horas con el presidente José Azcona Hoyo, con quien hablaron sobre la propuesta regional de paz planteada el domingo por el gobierno de Costa Rica, y de otros asuntos relacionados con la situación política militar de la zona.

Los congresistas del Estado de New York, Matwen McHush y Steven Solare y David Obey de Wisconsin, todos demócratas, rehusaron hablar con los periodistas al término de la reunión en la que también participó el embajador norteamericano Everet Briggs, quien tampoco hizo comentarios.

Esta es la cuarta reunión que sostiene Azcona con representantes del Congreso de Estados Unidos, quienes están interesados en conocer e informarse de los principales problemas que azotan la región centroamericana específicamente político-militar.

No se pudo conocer cuál es el punto de vista de los tres miembros del Comité de Asignaciones de la Cámara de Representantes respecto al nuevo plan de paz que postula aspectos básicos como un cese al fuego, la democratización interna en Nicaragua y la celebración de elecciones internas y la disminución de los armamentos, entre otros.

Los voceros de Casa de Gobierno informaron por otro lado, que ese día Azcona Hoyo se reunirá con diez senadores, cinco republicanos y cinco demócratas, quienes arribaron ayer en horas de la tarde al aeropuerto internacional de Toncontín.

Los cinco senadores demócratas son el subjefe de la mayoría del Comité de Reglamento, David E. Bonior, del estado de Michigan; del Comité de Relaciones Exteriores, Mel Levine (California), y Wayne Owens (Utah); del Comité de Asuntos Interiores, George Meeler (California) y del Comité de Asignaciones, Robert J. Mrazet (New York).

Entre los representantes del Partido Republicano figuran tres del Comité de Relaciones Exteriores, Buz Luguenz (Ohio), Jean Meyer (Kansas) y John Miller (Washington), además de Mickey Edwards del Comité de Asignaciones y del estado de Oklahoma y Nancy Johnson del Comité de Presupuesto, de Connecticut.

Los voceros de la embajada norteamericana sólo se limitaron a informar que los senadores visitan el área para informarse de la realidad que vive la zona.

Próximamente el Senado norteamericano, discutirá el envío de los 40 millones de dólares como parte de la ayuda de los cien aprobados el año pasado destinados a los rebeldes nicaragüenses, por lo que éste sería otro de los temas abordados por los senadores en esta gira.

"Nos parece interesante que vengan en nuestro país comentó el Presidente del Congreso Nacional, Carlos Orbin Montoya, al referirse a las frecuentes visitas de los senadores norteamericanos a Casa de Gobierno y luego agregó que todo este problema de la actividad de la contrarrevolución nicaragüense, les motiva a informarse de todos los sectores para vertir sus propios juicios".

Los legisladores demócratas son captados al salir del salón
de sesiones de Casa Presidencial. (Foto Daniel Toledo).

La Prensa / 18 de febrero de 1987

Consultan a Azcona si dan más ayuda a los "contras"

La situación política de la región y el nuevo plan de paz elaborado por el gobierno de Costa Rica fueron objeto de análisis durante una reunión celebrada ayer entre el presidente José Azcona y tres congresistas norteamericanos.

Los congresistas demócratas por Nueva York, Mathews McTlush y Steven Solarz y por Wisconsin, David Obey, miembros del Comité de Asignaciones del Senado de Estados Unidos, se reunieron con el gobernante hondureño por más de una hora para revisar el conflicto regional.

El Comité de Asignaciones analiza una petición de 105 millones de dólares más en ayuda para los contrarrevolucionarios nicaragüenses a incluirse el próximo año fiscal, presentada por la Administración de Reagan.

La nueva propuesta de paz que elaboró el presidente de Costa Rica, Óscar Arias y que fue analizada con sus homólogos de Guatemala, Honduras y El Salvador el domingo anterior, plantea un cese a la ayuda militar que reciben las fuerzas irregulares que operan en la región.

Ese punto de la referida propuesta de paz podría ser apoyado por la mayoría demócrata en el Senado de Estados Unidos que se abstendría de conceder nueva ayuda económica a los contras, pero antes de tomar una decisión en ese sentido miembros del Comité de Asignaciones están recogiendo la opción de los mandatarios del área.

Los congresistas norteamericanos del Partido Demócrata, Mathews McTlush y Steven Solarz por Nueva York, y David Obey, de Wisconsin, abandonan la Casa de Gobierno tras reunirse con el presidente José Azcona. (Foto Mario Fajardo).

La Tribuna / **18 de febrero de 1987**

(Según boletín de Casa de Gobierno)

Falso que Gonzalo Carías esté enfrentado a Azcona

TEGUCIGALPA.- Es falso que el presidente del Banco Central de Honduras, Gonzalo Carías Pineda, esté enfrentando el Presidente de la República, José Azcona, por el anuncio de una posible rebaja de la tasa del interés bancario, como se ha dado a entender en algunos debates de opinión pública.

El presidente Azcona está estudiando el documento denominado análisis de la tasa de interés bancario, que le fue remitido por el presidente del Banco Central de Honduras, y que además está siendo discutido por el director de dicha institución bancaria.

También se considera conveniente y así se hará, intercambiar puntos de vista con el Congreso Nacional sobre este asunto.

En todo caso, si el Poder Ejecutivo estima procedente una rebaja de la mencionada tasa del interés bancario se hará de tal manera que no cause daño a la economía nacional.

En ningún momento el presidente Azcona sobre esto, o cualquier otro asunto, tomará decisiones que afecten sensiblemente los intereses económicos del país.

Tegucigalpa, F.M., 18 de febrero de 1987.
Secretaría de Prensa de la Presidencia de la República.

La Prensa/**19 de febrero de 1987**

Azcona donará el dinero para construir el gimnasio de la ciudad de La Ceiba

LA CEIBA- La inmobiliaria Sogerin donó a través de la municipalidad el terreno donde CONAPID levantará el gimnasio ceibeño, el mismo tiene una extensión de una manzana y está ubicado en la salida de la ciudad, frente a donde convergen la carretera hacia Tela y Colón.

El jueves de la semana pasada una comisión encabezada por el gerente de la CONAPID, Rolando Polio Garay, en compañía de Dalmiro Caballero y Diana Fernández; realizaron un reconocimiento a los predios. A los visitantes los acompañaron Eva Bertot de Mazier, presidente del Comité Pro-Construcción del Gimnasio; Hipólito López en representación de la FNDEH; Felipe Speer por parte de los donantes y Jorge Padilla por el boxeo.

En horas entradas de la tarde ofrecieron una especie de conferencia donde se expuso ampliamente el plan tentativo a implementarse en la construcción de lo que en el futuro será el Gimnasio Ceibeño que inicialmente tendrá una capacidad de tres mil aficionados.

También se informó que los 300 mil lempiras serán entregados gradualmente. De esta forma el ingeniero José Azcona inicia sus obras deportivas en esta ciudad, que tanto necesita de ellos. (Renán Rodríguez Caballero).

El ingeniero "Milo" Caballero, (camisa a rayas) inspecciona el terreno en donde se construirá el gimnasio ceibeño, lo acompañan autoridades deportivas de la localidad. Foto Guillermo Lemus.

Tiempo / 18 de febrero de 1987

Otros diez congresistas visitaron a Azcona Hoyo

TEGUCIGALPA.- Diez legisladores norteamericanos entre congresistas y senadores, se entrevistaron ayer entrada la noche, con el presidente José Azcona Hoyo y el Jefe de las Fuerzas Armadas, general Humberto Regalado Hernández.

Los legisladores se hicieron acompañar del embajador Everett Briggs, su ingreso a Casa Presidencial se produjo a las cinco de la tarde y se prolongó hasta entrada la noche.

No se conocieron reacciones de los visitantes pues un ambiente de misterio rodeó la cita, y se presume que en la misma se abordó la crisis centroamericana en su contexto y las repercusiones de la misma.

Esta es la quinta vez que el presidente Azcona, recibe en lo que va del año, la visita de legisladores norteamericanos que pretenden conocer muy de cerca la problemática nacional y regional.

Como se informó en su oportunidad, la comitiva de los visitantes está integrada por cinco demócratas, David E. Bonier, Mel Levine, George Miller, Robert J. Mrazet y Wayne Owens. Los republicanos son Buz Luquenz, Jane Meyers, John Miller, Mickey Edwards y Nancy Johnson.

El presidente Azcona Hoyo y el jefe de las Fuerzas Armadas, general Regalado Hernández, recibieron diez legisladores norteamericanos. (Foto Daniel Toledo).

La Prensa / **19 de febrero de 1987**

[Cuestión de Perspectiva]

AZCONA EN EL PARQUE CENTRAL

Sigfrido PINEDA GREEN

Es un gran gesto democrático y aleccionador el hecho de que el presidente Azcona haya abandonado momentáneamente sus tareas palaciegas para ir, a pie, a confundirse con miles de correligionarios liberales en el metropolitano Parque Central.

Rememoró así el liberalismo con el mandatario a su cabeza, el primer aniversario (24 de noviembre 1985-1986) de su triunfo rubricado en las urnas como epílogo de un proceso electoral inédito en su forma y estilo en la accidentada historia política nacional.

Estilo electoral que emergió de la manga de la camisa de nuestros políticos, militares y sindicalistas, como antídoto de emergencia gracias al cual se "pararon en seco" las pretensiones dictatoriales que para la parte final de su administración se habían incubado en la mente del Dr. Roberto Suazo Córdova.

Es relevante el acto del gobernante sobre todo si lo valoramos en el marco de la crisis política en que se debate Honduras, en general, y el Partido Liberal, en particular.

Al anterior del liberalismo hay crisis en tanto el mismo se ha logrado organizar, desde la victoria azconista hasta la fecha, cuadros humanos directrices que, alimentándose o sustentándose en la rica doctrina del Partido, se planteen como verdaderas alternativas del cambio del mapa político nacional y de desarrollo integral para una sociedad que, como la nuestra, está compuesta por hombres y mujeres pauperizados hasta la médula.

Alienta, en efecto, la presencia de un presidente bien intencionado en una plaza popular como la tegucigalpense Plaza Morazán. Pero más alienta, aún saber que -al final- los hondureños transitamos por un camino alejado de la guerra, como lo puntualizó el presidente Azcona en la oportunidad precisada.

Carlos Roberto Reina, el liberal incorruptible de siempre, el académico sobrio y orador de aguda penetración analítica, seguramente habrá abandonado satisfecho el Parque Central, tras oír al presidente Azcona su compromiso de no ir a la guerra con Nicaragua.

El sampedrano diario "La Prensa" recoge este solemne compromiso azconista así:

"Afirmó que no permitirá que su pueblo vaya a una guerra y que está dispuesto a sacrificar su propia vida para evitar un enfrentamiento aliado con los países del área".

"Honduras no quiere la guerra -enfatizó Azcona- cómo máximo conductor del gobierno me comprometo a ustedes, aquí presentes, y el pueblo en general: que, así como no permito argollas en esta administración pública no descansaré hasta que logre la paz de mi pueblo, como premio al esfuerzo de vivir en democracia".

En esta hora dramática que vive la morazánica Centro América, este anuncio -compromiso es impactante. Azcona tiene la reputación de ser un hombre que cumple sus palabras. El istmo, en general, y Honduras en particular, le toma una vez más la palabra al liberal que -también en la Plaza Morazán- anunció que, a partir del 24 de noviembre de 1986, se retiraba de toda actividad proselitista en el fiel cumplimiento de las leyes del país.

A alejar a Honduras, pues del camino de la guerra.

El Heraldo / **19 de febrero de 1987**

No hay diferencias entre Azcona y Carías sobre tasas de interés

COMUNICADO DE PRENSA

Es falso que el presidente del Banco Central de Honduras, Gonzalo Carías Pineda, esté enfrentando al presidente de la República, José Azcona, por el anuncio de una posible rebaja de la tasa del interés bancario, como se ha dado a entender en algunos debates de opinión pública.

El presidente Azcona está estudiando un documento denominado ANÁLISIS DE LA TASA DE INTERÉS BANCARIO, que le fuera remitido por el presidente del Banco Central de Honduras, y que además está siendo discutido por el Directorio de dicha institución bancaria.

También se considera conveniente y así se hará, intercambiar puntos de vista con el Congreso Nacional sobre este asunto.

En todo caso, si el Poder Ejecutivo estima procedente una rebaja de la mencionada tasa del interés bancario se hará de tal manera que no cause daño a la economía nacional.

En ningún momento el presidente Azcona sobre esto, o cualquier otro asunto, tomará decisiones que afecten sensiblemente los intereses económicos del país,

Tegucigalpa, F.M. 18 de febrero de 1987

SECRETARÍA DE PRENSA DE LA PRESIDENCIA DE LA REPÚBLICA

Azcona ordena investigar corrupción en "COHDEFOR"

El presidente José Azcona Hoyo ordenó ayer una investigación exhaustiva sobre las denuncias de corrupción administrativa en las que estaría involucrado el gerente de la Corporación Hondureña de Desarrollo Forestal COHDEFOR, José Segovia.

El vocero presidencial, Lisandro Quesada, informó que el mandatario sólo conoce la versión publicada ayer por EL HERALDO y por ello solicitó más información para determinar el grado de validez de los documentos divulgados por este rotativo.

Según la denuncia, Segovia estaría utilizando equipo, maquinaria, trabajadores y recursos de la COHDEFOR para beneficio particular en una de sus propiedades agrícolas.

Quesada dijo que la investigación ordenada por el presidente decidirá lo pertinente a tomar y que el gobernante estaba sorprendido por la información.

"Sin embargo, el presidente es un hombre justo y no tomará ninguna decisión hasta que la denuncia sea plenamente investigada" añadió.

Hace algunas semanas, el presidente Azcona dijo a los periodistas que "metería las manos al fuego por sus colaboradores más cercanos", por lo que, de comprobarse la denuncia, estaría tomando acciones contra el gerente de COHDEFOR.

El Heraldo / 19 de febrero de 1987

Sostiene Casa de Gobierno:

NO HAY ENFRENTAMIENTO ENTRE CARIAS Y AZCONA

COMUNICADO DE PRENSA

Es falso que el presidente del Banco Central de Honduras, Gonzalo Carías Pineda, esté enfrentando al presidente de la República, José Azcona, por el anuncio de una posible rebaja de la tasa del interés bancario, como se ha dado a entender en algunos debates de opinión pública.

El presidente Azcona está estudiando el documento denominado ANALISIS DE LA TASA DE INTERES BANCARIO, que le fuera remitido por el presidente del Banco Central de Honduras, y que además está siendo discutido por el Directorio de dicha institución bancaria.

También se considera conveniente y así se hará, intercambiar puntos de vista con el Congreso Nacional sobre este asunto.

En todo caso, si el Poder Ejecutivo estima procedente una rebaja de la mencionada tasa del interés bancario, se hará de tal manera que no cause daño a la economía nacional.

En ningún momento el presidente Azcona sobre esto, o cualquier otro asunto, tomará decisiones que afecten sensiblemente los intereses económicos del país.

Tegucigalpa, F.M., 18 de febrero de 1987.

SECRETARIA DE PRENSA DE LA PRESIDENCIA DE LA REPUBLICA

La Tribuna / **19 de febrero de 1987**

ANIVERSARIO DE BODAS AZCONA BOCOK

Unidos, como el primer día, cumplen hoy 23 años de haber unido sus vidas por el sagrado vínculo del matrimonio, la pareja que forman el ingeniero José Azcona Hoyo, presidente constitucional de la República, y doña Miriam Bocok de Azcona, primera dama de la Nación y presidenta de la Junta Nacional de Bienestar Social.

Esta memorable fecha será recordada por sus hijos, familiares y cercanas amistades para desearles que sigan tan felices como hasta ahora.

La Tribuna / **18 de febrero de 1987**

¡GRACIAS AL PRESIDENTE AZCONA!

Unos me dicen que se debió a mi reciente recordatorio en Tribuna del Pueblo; yo digo que en parte ayudó mi escrito y la cabida que LA TRIBUNA le dio en su página número cuatro, pero fueron los que han trabajado duro, visitando funcionarios en Tegucigalpa, como ser el alcalde de San Antonio de Oriente y ciudadanos de distintas opiniones políticas, los que hicieron que por fin se comenzará a reconstruir el camino de tierra que conduce de la pavimentada a la aldea de El Jicarito y a San Antonio de Oriente.

Digo que se comenzará a reconstruir, porque falta ver las volquetas echando balasto, como también hace falta ver que se hagan las cunetas para que pase el agua en invierno, así como limpiar una alcantarilla vieja.

Me dicen que lo han observado, sin ser ingenieros, que habría que desviar hacia una quebrada el gran caudal de agua que, con la lluvia, se deja venir hacia el camino plano entre El Jicarito y la Escuela Agrícola Panamericana, Durante más de 25 años lo hemos visto, por vivir en ese camino, que la primera lluvia obstruye las cunetas, agrietándose de inmediato la calle que ahora están raspando y dejando bien únicamente hasta el mes de mayo, cuando comienza a llover (lo que aquí llamamos invierno).

Vuelvo a recordar palabras que hace años que, como ministro de SECOPT que era entonces el ingeniero José Azcona, a guisa de promesa dijo a este su paisano: "Te voy a arreglar esa calle, con todo y cunetas; un trabajo completo". Ya que están aquí es oportuno recordar que las cunetas y desviar las aguas lluvias, únicamente para que no se les olvide a los encargados de realizar la obra. De no ser así este trabajo que hoy agradecemos duraría únicamente TRES MESES.

La parte de su promesa, donde dijo el ingeniero Azcona: "En enero llegará la maquinaria nueva y entonces se hará el trabajo", ha sido cumplida; llegaron en enero, ahora recuerdo que no me dijo de qué año, pero que llegaron, llegaron y eso es lo importante. Gracias al exministro, hoy presidente.

Víctor Narváez Bonilla

San Antonio de Oriente, F.M.

La Tribuna / **19 de febrero de 1987**

Atlántida: Aldeas tendrán luz con la ayuda de Azcona

LA CEIBA.- Aproximadamente 73 mil lempiras invertirá la Empresa Nacional de Energía Eléctrica (ENEE) en la electrificación de varias comunidades cercanas a esta ciudad puerto.

El presidente José Azcona entregó recientemente a la Tesorería de la ENEE el donativo para que se realice el proyecto de las aldeas Siempre Viva, Lombardía, Brisas de América, El Pino, El Dantío, Pintada, Corinto, barrio Canela y la colonia El Pizati.

Asimismo, la ENEE y los habitantes de estas zonas aportaron ayuda económica con el propósito de completar la cantidad necesaria e iniciar las labores de electrificación con la mayor prontitud.

El aporte económico fue entregado por el presidente a través del Programa Concientización Patriótica y Desarrollo Municipal, después de las gestiones realizadas por los dirigentes comunales de los diferentes sectores favorecidos.

La Tribuna / **20 de febrero de 1987**

Azcona ordena investigar al gerente de COHDEFOR

TEGUCIGALPA.- El presidente Azcona ordenó ayer investigar al gerente general de la Corporación Hondureña de Desarrollo Forestal (COHDEFOR), José Segovia Inestroza, acusado de utilizar maquinaria del Estado para hacer trabajos en su hacienda y otras anormalidades que van en detrimento de la economía del país, informó Lisandro Quezada, secretario de prensa del gobierno.

Segovia Inestroza fue acusado ayer de haber trasladado a su hacienda "Las Segovias", ubicada en Ojo de Agua, El Paraíso, varios tractores, niveladoras y volquetas, propiedad de COHDEFOR para hacer trabajos de excavación y nivelación de caminos, entre otros.

Además, se le acusó de haber llevado cuatro tambos de preservativos para cubrir madera sacados de la bodega de la Corporación en El Picacho destinados a una de las oficinas de la institución en Olancho, pero supuestamente no llegaron a su destino.

El secretario de prensa dijo "que hasta este momento el presidente sólo conoce la versión divulgada por los medios de comunicación, pero desde luego él tendrá que disponer de mayor información para poder pronunciarse porque este es un asunto delicado".

Azcona Hoyo "ordenó una investigación exhaustiva sobre este caso y en base a esa investigación tomará sus decisiones", subrayó Quezada.

José Segovia Inestroza, gerente de
COHDEFOR.

No pidieron a Azcona asilo para F. Marcos

COMUNICADO DE PRENSA

No es cierto que el presidente Azcona haya recibido una solicitud para darle asilo al ex-presidente Ferdinando Marcos.

En relación a noticias apreciadas hoy referentes a una supuesta conversación sostenida entre el presidente de la República, José Azcona, y el cardenal Sin, de Filipinas, esta Secretaría ha establecido la verdad a ese respecto.

El presidente Azcona habló con la presidenta Corazón Aquino, quien le preguntó si era cierto que Honduras estaría dispuesta a recibir al ex-presidente filipino Marcos.

El mandatario hondureño no puede considerar algo que no le ha sido solicitado.

Tegucigalpa, D.C., 19 de febrero de 1987

SECRETARIA DE PRENSA DE LA PRESIDENCIA DE LA REPUBLICA

La Tribuna / **20 de febrero de 1987**

"Es mentiroso cardenal filipino", según Azcona

Tegucigalpa, D.C. 19 de Febrero de 1987: El presidente José Azcona Hoyo desmintió ayer al Cardenal Jaime Sin de Manila al negar que ese prelado haya dialogado con él para solicitarle asilo político en favor del ex presidente filipino, Ferdinando Marcos.

Azcona también desmintió aseveraciones que, en ese sentido, había formulado un día antes su Secretario de Prensa, Lisandro Quesada, quien sostuvo que la entrevista se realizó el año pasado cuando Marcos huyó de su país. Sumamente molesto, el presidente hondureño ordenó que se elaborara un comunicado para desmentir al arzobispo de Manila, quien sostiene que intercedió ante Azcona para que le concediera asilo político al ex dictador.

El texto de la "Aclaración" del gobierno dice:

"No es cierto que el presidente Azcona haya recibido una solicitud para darle asilo al ex – presidente Ferdinando Marcos.

En relación a noticias aparecidas hoy referentes a una supuesta conversación sostenida entre el presidente de la República, José Azcona, y el cardenal Sin, de Filipinas, esta Secretaría ha establecido la verdad a ese respecto.

El presidente Azcona habló con la presidenta Corazón Aquino, quien le preguntó si era cierto que Honduras estaría dispuesta a recibir al ex – presidente filipino Marcos. El mandatario hondureño no puede considerar algo que no le ha sido solicitado".

SECRETARIA DE PRENSA DE LA PRESIDENCIA DE LA REPUBLICA

El Heraldo / **20 de febrero de 1987**

SE INAUGURA NUEVA AGENCIA DE "BANMA" EN LA MUNICIPALIDAD SAMPEDRANA

El pasado 14 de febrero se trasladó desde la ciudad capital hasta San Pedro Sula el presidente de la República, Ing. José Simón Azcona H., quien inauguró en horas del mediodía la nueva agencia central de "BANMA", con la presencia de distinguidas autoridades civiles, militares y eclesiástica, que se reunieron en la nueva sede bancaria que tiene sus oficinas en el costado sur del mismo inmueble municipal.

Entre las personalidades que calorizaron con su presencia estos actos, figuran el alcalde sampedrano, Jerónimo Sandoval; el presidente de BANMA, Rodolfo Alvarado; miembros del Gabinete de Gobierno, monseñor Jaime Brufau, diputados al Congreso, representantes bancarios y miembros de la Empresa Privada.

En el transcurso de los actos inaugurativos se dejó escuchar inicialmente el discurso del alcalde de San Pedro Sula que dijo: "En los 25 años de existencia de BANMA, es la primera vez que se da un paso avanzado.

Por su parte, el presidente de BANMA, el señor Rodolfo Alvarado, se refirió a las ventajas que ofrecerá esta institución mediante un sistema computarizado que permitirá un servicio más eficiente a clientes y contribuyentes.

En su intervención el presidente Azcona dijo que siempre que ha llegado a la capital industrial del país, lo ha hecho para participar en la inauguración de obras de progreso, como la agencia bancaria, así también el primer magistrado instó en su discurso a que todos los hondureños ahorren y paguen sus tributos, ya que de esta manera se fortalece a las municipalidades económicamente para que realicen obras. Al final de su intervención el Ing. Azcona expresó que el Congreso Nacional ha engavetado el Proyecto de Reforma Administrativa Municipal, mediante el cual se espera mejorar y agilizar los ingresos de las municipalidades del país.

Posteriormente, monseñor Jaime Brufau bendijo las instalaciones de la nueva Agencia Central de BANMA, y en su sermón elevó plegarias por el éxito de la nueva empresa.

Al final de los actos protocolarios la concurrencia se trasladó hasta el Casino sampedrano, donde todos los invitados disfrutaron de un almuerzo buffet con el que concluyeron los actos de inauguración de la nueva Agencia Central BANMA en San Pedro Sula.

Efectúa el corte de la cinta simbólica el Ing. Azcona, dando así por inaugurada la nueva agencia de BANMA.

Rodolfo Alvarado, presidente de BANMA

Ing. Jerónimo Sandoval, alcalde de San Pedro Sula.

El Presidente de la República, Ing. José Simón Azcona, vierte su caluroso discurso que fuera escuchado atentamente por la concurrencia durante las actos inaugurativos.

La Prensa / **20 de febrero de 1987**

VICTORIOSA CRUZADA CENA DE GALA EN SPS

La cena de gala presidencial que se realizó en el Hotel Copantl Sula fue un verdadero éxito. El presidente José Simón Azcona y su esposa Miriam de Azcona presidieron la misma, junto a los anfitriones Jaime Rosenthal Oliva y Miriam Hidalgo de Rosenthal.

Asistieron más de 300 personas que contribuyeron a la cruzada emprendida por un dinámico grupo de sampedranas. Lo recaudado en el evento se destinará a los programas de ayuda a jóvenes y niños que tiene la Junta Nacional de Bienestar Social. Importantes aspectos de esta gala fueron captados por EDUARDO AGUILAR en forma exclusiva para LA TRIBUNA.

Jaime Rosenthal, Miriam de Rosenthal, Miriam de Azcona y José Simón Azcona, reciben a los invitados a la Cena de Gala Presidencial que se realizó el 14 de febrero.

Durante la cena, un personaje no identificado llegó a la mesa de honor para solicitar un autógrafo del presidente Azcona, que, acostumbrado a las demostraciones de afecto de su pueblo, accedió a firmar complacido.

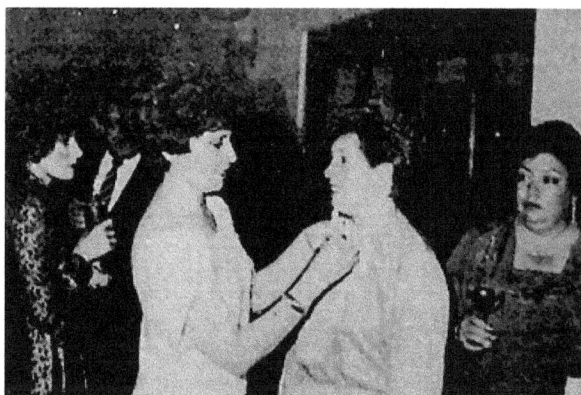

Miriam Hidalgo de Rosenthal recibió a la Primera Dama, Miriam Bocok de Azcona con un perfumado corsage.

Dos damas unidas por un objetivo: recaudar fondos para los programas de la Junta Nacional de Bienestar Social.

La Tribuna / **20 de febrero de 1987**

El presidente José Azcona estuvo presente en los actos de despedida en honor de 34 elementos de las Fuerzas Armadas

Un total de 34 oficiales de las Fuerzas Armadas, entre ellos nueve coroneles, pasaron oficialmente a retiro la noche de ayer en el curso de una ceremonia especial de reconocimiento que tuvo lugar en la Fuerza Aérea Hondureña.

Los actos fueron celebrados en presencia del presidente de la República y Comandante General de las Fuerzas Armadas, José Azcona Hoyo, y del Comandante en Jefe de la institución militar, general Humberto Regalado Hernández.

En el curso de la ceremonia, las Fuerzas Armadas dejaron expresada su gratitud imperecedera "para todos y cada uno de los oficiales que con alto espíritu de abnegación y poniendo en alto los nobles principios de lealtad, honor y sacrificio ofrendaron lo mejor en prestigio de la institución y de la patria".

Entre los oficiales que pasaron a situación de retiro destaca el héroe de la guerra con El Salvador, teniente coronel Fernando Soto, quien derribó varios aviones "mustang" al mando de los inolvidables "Corsarios" de la Fuerza Aérea Hondureña.

La lista completa de la oficialidad de las Fuerzas Armadas que pasó a situación de retiro es la siguiente:

POR 30 AÑOS DE SERVICIOS ININTERRUMPIDOS EN LA INSTITUCION ARMADA:

Coroneles de Infantería D.E.M. Omar Antonio Zelaya Reyes, José Antonio Madrid Rodríguez, Adalberto Paz Alfaro, Esteban Elvir Argeñal, Alberto Montoy Rodríguez, César Elvir Sierra, Carlos Mauricio Soto Rodríguez.

Coronel de Aviación José Serra Hernández; Coronel de Sanidad Marco Antonio Ponce Ochoa. Tte. Cnel. de Infantería José Santos Chinchilla Erazo, Carlos Alberto Aguilar Alemán. Tte. Coronel de Sanidad Marco Antonio López Nieto. Tte. Coronel de Sanidad Armando Alemán Quiñónez, Tte. Coronel de Aviación Fernando Soto Henríquez, Tte. Coronel de Justicia Miguel Flores Auceda, Mayor de Infantería Carlos Alfonso Meza Girón, Mayor de Infantería José Dolores Castillo Suazo, Mayor de Policía Manuel de Jesús Trejo.

POR HABER SOLICITADO LA BAJA:

Tte. Coronel de Infantería Luis Alonso Padilla Díaz, Tte. Coronel de Infantería Rolando Gutiérrez Caballero, Mayor de Infantería Salvador Rojas Mendoza.

POR LÍMITE DE EDAD EN EL GRADO:

Mayores de Infantería Santos Rodríguez Padilla, José Alvino Sánchez Dávila, Gerardo Canales Cruz, José Roberto Vásquez Pérez, José Guillermo Castro Espinoza, Héctor Tercero Mendoza, Roberto Maximiliano Ramírez Landa; Mayor de Intendencia Salomón Vidaurreta Jiménez, Mayor de Administración José Antonio Valladares Castillo, Teniente de Navío Oscar Bustillo Castellanos, Teniente de Comunicaciones Higinio Muñoz Perdomo, Teniente de Policía Jesús Alvarado Ramírez.

Confirman corrupción en COHDEFOR

El auditor I de la Corporación Hondureña de Desarrollo Forestal (COHDEFOR), José Ángel Rodríguez, confirmó ayer la existencia de actos de corrupción en la entidad estatal, y agregó que no teme cualquier represalia en su contra por parte del gerente de esa institución, José Segovia Inestroza.

Rodríguez sostuvo a EL HERALDO que el informe que presentó al auditor interno de la COHDEFOR, Alberto Figueroa Torres, "lo reafirmó, porque no sería ético ni profesional" negar algo que el pueblo hondureño ha conocido a través de los medios de comunicación.

En un documento que Rodríguez envió a Figueroa Torres, da a conocer, que en la propiedad de Segovia Inestroza, ubicada en Ojo de Agua, El Paraíso, se encontraba alguna maquinaria perteneciente al organismo forestal, ejecutando trabajos ajenos a la institución.

Según lo confirmó ayer el secretario general del sindicato del ente gubernamental, Adrián Canales Ortiz, la maquinaria que se encontraba en la hacienda "Las Segovias", propiedad del gerente de la COHDEFOR, ya fue trasladada a las instalaciones de ese organismo en esta capital.

El auditor I de la corporación forestal, al referirse al memorándum que envió a Figueroa Torres, aseguró que "el informe es claro y preciso" porque en el mismo no señala más que lo que logró comprobar en "Las Segovias".

Con respecto a la posición adoptada por Segovia Inestroza con relación a estos hechos, Rodríguez indicó que "el derecho a la defensa es algo natural en las personas" y añadió que "yo lo considero como un acto normal".

Sin embargo, el funcionario sostuvo que el informe que presentó al departamento de auditoría interna de esa entidad, "lo reafirmo" porque no podría negar algo que es del conocimiento de la opinión pública.

Sobre la investigación del caso que ordenó el presidente José Azcona Hoyo, Rodríguez afirmó que está dispuesto a brindar toda su colaboración a los funcionarios públicos que sean designados por el Poder Ejecutivo a fin de aclarar esta situación.

Rodríguez agregó que lo único que él hizo fue cumplir con el mandato que le da la ley, "porque para eso se me paga" y reiteró que "definitivamente" no teme ser sancionado por el gerente general de la COHDEFOR por el informe que presentó al auditor interno de la institución forestal.

El Heraldo / **20 de febrero de 1987**

Congresistas de USA andan preguntando si es conveniente se apoye a "contras"

TEGUCIGALPA.- Los congresistas norteamericanos que visitan Honduras andan preguntando si es conveniente que Estados Unidos apoye o no a los rebeldes antisandinistas, dijeron fuentes del Congreso Nacional.

Miembros de la junta directiva del parlamento se reunieron la noche del miércoles con 10 congresistas demócratas y republicanos que realizan una gira por las naciones de la región.

El vicepresidente del Congreso Jacobo Hernández dijo a TIEMPO que los congresistas abordaron con ellos la situación centroamericana, las relaciones Honduras Nicaragua y la presencia de la Contra.

Dijo que los congresistas evidenciaron su interés en la propuesta de paz del presidente de Costa Rica, Oscar Arias Sánchez, discutida por los presidentes de la región, a excepción de Nicaragua.

Hernández confirmó que los congresistas nicaragüenses abordaron lo relativo a la asistencia a los rebeldes contrarrevolucionarios nicaragüenses o no seguir apoyándolos", dijo.

El diputado sostuvo que los rebeldes antisandinistas deben abandonar el territorio hondureño.

Dijo además que la decisión de expulsar a los rebeldes antisandinistas de Honduras debe ser tomado por el "Ejecutivo y no del Congreso". (GP).

Tiempo / **20 de febrero de 1987**

[En Tegucigalpa]

Liberales de Centroamérica y el Caribe se reúnen hoy

TEGUCIGALPA.- El vicepresidente de Panamá, Rodrick Esquivel y los representantes de El Salvador, Nicaragua y República Dominicana, arribarán hoy a esta capital para participar en el Segundo Encuentro de la Federación de Partidos Liberales de Centroamérica y el Caribe (FELICA), cuyas deliberaciones se iniciarán por la noche bajo la presidencia del ingeniero José Azcona Hoyo, presidente de la agrupación.

En el Aeropuerto Internacional de Toncontín, los visitantes serán recibidos por una comisión encabezada por el designado presidencial Alfredo Fortín y los encargados del Ceremonial Diplomático de la Cancillería. Los voceros de la Casa Presidencial manifestaron que aún no se sabe la agenda de trabajo, pero se estima que los problemas del istmo y la función de sus partidos formarán parte de los temas de mayor importancia.

Acompañan al vicepresidente de Panamá, José Cardona Mass y Luis Estrada, figuras importantes del Partido Liberal de ese país, que actualmente ostenta el poder de la nación.

Por parte de El Salvador viene el ministro de Trabajo, Ricardo Gonzáles Camacho y el presidente del Banco Laboral de ese país, Ernesto Algud.

Por República Dominicana llegará Andrés Van Der Host, secretario general de FELICA, y el ministro de Deportes; el Partido Liberal Independiente de Nicaragua, envía a su presidente Virgilio Godoy y Guillermo Selva Arguello. Azcona fue electo presidente de FELICA cuando a mediados del año anterior se reunieron en esta ciudad la mayoría de los hoy visitantes con el propósito de darle vida a la organización.

La Prensa / **20 de febrero de 1987**

Líderes de partidos liberales de la región se reúnen hoy en Tegucigalpa

La Federación Liberal de Centroamérica y el Caribe (FELICA), que preside el gobernante hondureño, José Azcona Hoyo, celebrará hoy su primera reunión regional para tratar distintos aspectos relativos a su organización y funcionamiento.

Los delegados que participarán en la reunión comenzaron a llegar ayer a esta capital, pero el grueso de los invitados ingresará hoy, según se informó en la Casa de Gobierno.

La información indica que la representación panameña la encabeza el vicepresidente de ese país, Rodrick Esquivel, quien también se desempeña como vicepresidente de FELICA. Además, llegarán de ese país, José Cardona Mass y Luis Estrada.

De El Salvador vendrán el ministro del Trabajo Ricardo González Camacho, y el presidente del Banco Laboral de El Salvador, Ernesto Alwood y de la República Dominicana participará el ministro de Deportes Andrés Van Der Host.

La delegación nicaragüense la encabeza el presidente del Partido Liberal Independiente, Virgilio Godoy Reyes y la integra además Guillermo Selva Argüello.

En la reunión de FELICA se discutirán aspectos de organización de esa institución liberal y también se abordará la situación de crisis que padece la región, sobre lo cual se elaborará un documento que podría instar al gobierno de Nicaragua a procurar un mayor ambiente de libertades públicas para resistencia cívica.

El Heraldo / **20 de febrero de 1987**

Este día se reúne en Tegucigalpa Federación de Partidos Liberales

TEGUCIGALPA. Representantes de los países que integran la Federación de Partidos Liberales de Centro América y el Caribe (FELICA), se reunirán hoy por segunda vez en Tegucigalpa, para analizar la situación de los partidos liberales en el área.

La reunión se llevará a cabo a las dos de la tarde en el Hotel Alameda, y en la misma participará el presidente José Azcona hoyo, en calidad de presidente de FELICA, y las autoridades del Comité Central Ejecutivo del Partido Liberal.

Según se informó, por Panamá asistirá el vicepresidente de ese país, Rodrick Esquivel, quien a la vez es el vicepresidente de FELICA, y José Cardona Mass y Luis Estrada.

Por El Salvador asistirá el ministro de Trabajo, Ricardo González Camacho, y el presidente del Banco Laboral de El Salvador, Ernesto Alwood.

La delegación de Nicaragua la integran el presidente del Partido Liberal Independiente, doctor Virgilio Godoy Reyes, y Guillermo Selva Arguello, mientras que la República Dominicana será representada por Andrés Vanderhorst. (TDG).

Tiempo / **20 de febrero de 1987**

Visita al Presidente de la República

Un grupo de personas de la Asociación Hondureña de Ecología visitó en fecha reciente el señor presidente de la República, José Azcona Hoyo. Estuvieron presentes también Mark Halle, de la Unión Internacional para la Conservación de la Naturaleza, Joshua Ashuud, de la misma institución y los señores ingeniero Rigoberto Romero Meza y doña Gladis Fasquelle de Pastor por la Asociación de Ecología. Le expusieron al señor Presidente los problemas más importantes y los programas que ejecutará, además, le entregaron un diploma haciéndole miembro honorario de la ya mencionada asociación.

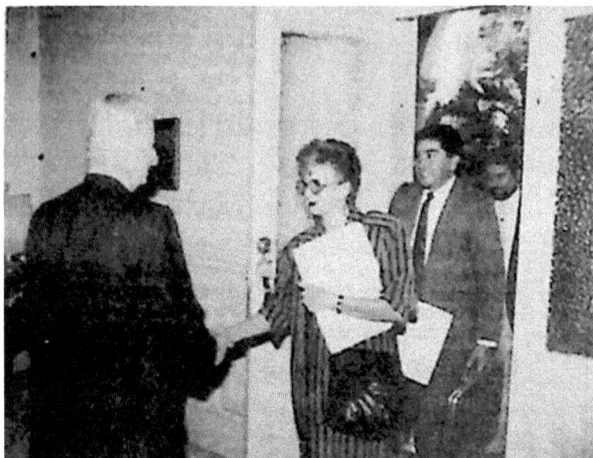

Tiempo / **20 de febrero de 1987**

Por CLARO DE LUNA

La ASOCIACION HONDUREÑA DE ECOLOGIA visita al Sr. Presidente de la República, Ing. José Azcona Hoyo. Estuvieron presentes el Sr. Mark Halle de la Unión Internacional para la Conservación de la Naturaleza, el Sr. Joshua Ashuud de la misma institución y los Sres. Ing. Rigoberto Romero Meza y doña Gladys Fasquelle de Pastor por la Asociación.

Se le expusieron al Presidente los problemas más importantes y los programas de la Asociación, y se le entregó un diploma haciéndole Socio Honorario de la AHE.

La Prensa / **20 de febrero de 1987**

Embajador suizo se despide de Azcona

TEGUCIGALPA.- El embajador de Suiza para Centro América, Francois Nordmann, tras despedirse ayer del presidente José Azcona, declaró que su gobierno está dispuesto a encaminar las implementaciones" que se necesitan para echar a andar el proceso de paz del grupo de Contadora.

El diplomático, que tiene su residencia en Guatemala, se despidió del gobernante hondureño antes de abandonar el cargo como representante de su país en el área centroamericana.

Dijo que Suiza se encuentra preocupada por la situación que vive el istmo, misma que han venido observando desde hace más de tres años.

Tenemos gran interés por los esfuerzos de paz y las negociaciones que existen, dijo el diplomático suizo, tras afirmar que ellos apoyan los esfuerzos de paz realizados por el Grupo de Contadora, que hasta el momento no ha logrado resultados positivos en la región.

"Deben tomarse las medidas de implementación de tales acuerdos y mi gobierno está dispuesto a encaminarlas si las partes así lo consideran conveniente", subrayó.

Al ser interrogado sobre la política exterior ejecutada por el gobierno de Estados Unidos sobre América Central, Nordmann dijo que su gobierno es fiel a su política de neutralidad, en consecuencia, no puede opinar sobre ese asunto.

Finalmente, el funcionario suizo expresó que se mantiene firme la cooperación que su gobierno viene otorgando a su homólogo hondureño consistente en seis millones de dólares anuales para ejecutar proyectos o programas de desarrollo rural.

"Colaboramos con Honduras que se ha convertido en el centro de cooperación nuestra", remarcó el embajador suizo que abandonará el área la próxima semana.

Francois Nordmann embajador de Suiza para Centroamérica. (Foto Daniel Toledo).

La Prensa / 21 de febrero de 1987

Azcona: Campesinos son injustos con el director del INA

- *Con todo, los recibirá esta semana*

El presidente José Azcona Hoyo llamará esta semana a la dirigencia de las organizaciones campesinas para discutir el planteamiento enviado por estas últimas, en el cual se exige la destitución del director del Instituto Nacional Agrario (INA), Mario Espinal.

La demanda de las organizaciones del campo parece que no será satisfecha por el presidente, quien el pasado fin de semana aseguró que la exigencia no la hacen todas las centrales campeonas sino "es el planteamiento de un grupo".

Para que no quedara duda de sus intenciones, Azcona señaló que "los campesinos son un poco injustos con el director del INA, pero en todo caso los voy a llamar (a los dirigentes) para discutir su planteamiento".

El documento de las organizaciones campesinas, excepto la ANACH y la CNTC, señala que el proceso agrario se encuentra paralizado y responsabiliza el director y subdirector del INA por esa situación.

Los dirigentes campesinos apuntan en su documento que a partir del 18 de febrero quedan rotas todas las relaciones con el gobierno hasta que el presidente Azcona separe a Mario Espinal y Carlos Tejada de sus respectivos cargos.

El planteamiento de las siete organizaciones campesinas demanda además el cumplimiento del Punto número siete del Acta de Compromiso, mediante el cual los dirigentes políticos se comprometieron a incorporar a los hombres del campo a la planificación gubernamental en función del desarrollo nacional.

El director del INA sostuvo que quienes están pidiendo su destitución son los dirigentes políticos nacionalistas que forman parte de las organizaciones obreras y campesinas, entre ellos Oscar Escalante y Marco Tulio Cruz de la Central General de Trabajadores (CGT).

El Heraldo / **23 de febrero de 1987**

AZCONA Y LA "TRIBUNA FILATÉLICA"

Sábado a sábado los señores Gunter Von Wiese y Carlos García Mondragón, expertos en el arte del conocimiento de los sellos, nos obsequian con recomendaciones y consejos acerca de tan delicado asunto.

Si no fuera por ellos jamás nos hubiéramos enterado de cómo se desarruga una estampilla sin estropearla, cuál debe ser la protección que se le debe dar a los sellos para que no pierdan su color, el uso de las técnicas para diferenciar un sello falsificado de uno auténtico, cuáles son las reglas para coleccionarlos y qué se debe hacer con un sello roto.

Los amantes de esta entretención tienen en Von Wiese y en García Mondragón a unos buenos consejeros: en lo personal con ellos aprendí que para pegar una estampilla en un sobre no se debe pasar la lengua por la parte engomada de ésta sino sobre el mismo sobre en el lugar en que se fijará la bendita estampilla. En fin, la sección La Tribuna Filatélica es muy interesante.

Sin embargo, en la edición del sábado 31 de enero nos llevamos una sorpresa. La redacción de LA TRIBUNA nos dice en la página 2 que han comenzado a circular los sellos alusivos al primer año de gobierno; hasta ahí la noticia. En cambio, los señores Von Wiese y Mondragón se meten a camisas de once varas cuando hacen algunos comentarios al respecto.

Ellos critican al presidente Azcona porque aparece en esta estampilla alusiva al primer año de su gobierno; argumentan que, en muchos países, especialmente en U.S.A., los sellos se emiten para conmemorar o rendir tributo a personas o cosas muertas, que aquí el presidente se da el lujo de aparecer en una estampilla mientras Reagan se cuida de cometer tales despropósitos. Antes de finalizar sus comentarios Von Wiese y Mondragón manifiestan que en U.S.A. a los presidentes no les gusta ser alabados, y que se tienen por allá una reglamentación especial que les prohíbe hacer tal cosa.

Yo le digo a los responsables de LA TRIBUNA Filatélica y autores del subtítulo AZCONA SI, REAGAN NO, lo siguiente: Vivimos en Honduras y no en los U.S.A; además cada país tiene sus propias leyes y SUS NATURALES tienen que respetarlas. ¿Acaso no debemos los hondureños vivir conforme a nuestras leyes? Otra pregunta: ¿Qué pecado cometen los monarcas de la vieja Europa y también nuestro presidente por aparecer en sellos postales? … Tal vez un pecado del orden filatélico.

P.M. Luis Felipe Dávila Chavarría

Colonia Las Acacias

Choluteca

La Tribuna / **21 de febrero de 1987**

SAN PEDRO SULA Y … SU GENTE

La Escuela de Música Victoriano López amenizó con su conjunto de violines y cuerdas de Cena de Gala Presidencial que se realizó en el Salón Las Islas del Gran Hotel Copantl Sula, donde el presidente Azcona y su esposa Miriam de Azcona, el designado Jaime Rosenthal y su esposa Miriam de Rosenthal departieron con más de 300 invitados. Interesantes tomas fueron logradas para San Pedro Sula y… su gente por nuestro fotógrafo EDGARDO AGUILAR.

La Tribuna / **23 de febrero de 1987**

Azcona de acuerdo, pero…

Debe tenerse cuidado en rebaja al interés

El mandatario recibió un documento del Banco Central sobre las implicaciones de la decisión en la economía nacional.

El presidente Azcona expresó ayer su acuerdo sobre una cierta rebaja en los intereses bancarios, aunque expresó que es necesario realizar un estudio minucioso para no afectar la economía del país. El mandatario instaló la reunión de la Federación de Partidos Liberales de Centroamérica y el Caribe, acompañado del vicepresidente de Panamá, Rodrick Esquivel. (Foto Toledo). Información en las páginas 3 y 5.

La Prensa / **21 de febrero de 1987**

Aunque debe hacerse con cuidado
Azcona de acuerdo con baja a intereses bancarios

TEGUCIGALPA. (José Danilo Izaguirre).- El presidente de la República José Azcona, se mostró de acuerdo con la baja de la tasa de interés a las instituciones bancarias privadas del país, a pesar de que hay problemas serios que amenazan con la devaluación.

Azcona dijo que no está cerrado en su posición para que se baje la tasa de intereses, pero que se tiene que hacer con mucho cuidado, para evitar consecuencias superiores a las que afrontamos en estos momentos con la economía.

Puede acceder para que se baje la tasa de intereses, pero sin perjudicar al pueblo ni a la banca privada, dijo el mandatario hondureño, al subrayar que no se opone a esa baja.

Asegura que de hecho ya se han bajado las tasas de interés para muchos campos productivos como el algodón, la ganadería, y los granos básicos, y de ocurrir la rebaja se tiene que razonar.

Azcona señaló que no ha entrado en choque con el Poder Legislativo por algunas acciones que se han seguido analizando entre los dos poderes y que no se trata de que nadie renuncie de sus cargos, con esto de la baja de intereses.

AZCONA EN PLÁTICAS CON BANANERAS:

El gobernante hondureño informó a Diario LA PRENSA, que ya está en pláticas con las transnacionales bananeras en busca de llegar a un entendimiento directo, para lograr exportar este año unos ocho millones de cajas más.

"Estoy interesado en que Honduras, rescate ese primer lugar que tuvo en la exportación de banano hace algunos años, y tenemos que estimular las empresas bananeras para que logren su objetivo", agregó.

Sostuvo que, por el hecho de haber declarado el Año de las Exportaciones en Honduras, no significa que estemos exportando millones de productos y que no hay cupo para más, por el contrario, todos tenemos que contribuir para el desarrollo integral del país.

Afirmó que se brindará toda la colaboración a los exportadores para que este año como en el futuro, se pueda convertir de hecho en la alternativa económica para el país, puntualizó.

La Prensa / **21 de febrero de 1987**

AZCONA: BAJA DE INTERESES LLEVARIA A LA DEVALUACION

De tomarse esa medida sería bien meditada en algunos casos sí la recomienda el Banco Central. El presidente José Azcona manifestó que no existe ningún motivo económico ni político en las pretendidas rebajas a los intereses bancarios y de tomarse una medida de tal naturaleza será bien meditada.

Reiteró que la situación se va estudiar muy bien y señaló que "el presidente del Banco Central nos hizo llegar un documento personal, que he estado leyendo, el cual estudia muy bien las recuperaciones y los beneficios de una rebaja de los intereses bancarios.

De tomarse esa decisión, indicó, tendrá que ser muy meditada para evitar los efectos negativos que pueda traer para la economía nacional.

El documento del Banco Central, según Azcona, en algunos casos sí recomienda algunas rebajas a los intereses, "pero hay que tener mucho cuidado si se reducen". En tal sentido enumeró que al aprobarse la reducción "los bancos también bajan las de sus depositantes, se desestimulan el ahorro interno que tanto necesitamos, se puede provocar el consumismo en una desenfrenada carrera que necesariamente puede llevar a la inflación, incluso a la devaluación".

El mandatario coincidió así a quien el presidente del Congreso, Carlos Montoya, criticó por sustentar esa posición.

Respecto a las denuncias de que el gerente de la Corporación Hondureña de Desarrollo Forestal (COHDEFOR), José Segovia, utiliza maquinaria de la institución en su beneficio, el presidente manifestó que el funcionario le ha hecho llegar un documento al respecto, el cual está estudiando.

"Parece que los trabajos también benefician a la aldea de Ojo de Agua, lo cual lo estamos investigando y si las investigaciones son contra del gerente de COHDEFOR tomaré las medidas del caso", afirmó.

Por otra parte, expresó que, durante las visitas constantes de senadores norteamericanos a Tegucigalpa, siempre se habla de la situación centroamericana y respecto a la próxima visita de Philip Habib, apuntó que posiblemente viene a tratar los mismos asuntos, "eso no hay que negarlo ni quererlo encubrir", señaló.

La Tribuna / **21 de febrero de 1987**

Director de Probidad con dos sueldos del Estado

El director general de Probidad Administrativa, Licinio Elpidio Brizzio, continúa desempeñándose como secretario privado del presidente del Congreso Nacional, Carlos Montoya devengando por consiguiente dos sueldos del Estado, en una abierta violación a la ley.

Brizzio, no obstante, el gran trabajo que tiene que desarrollar al frente de Probidad Administrativa, es visto en horas laborales atendiendo asuntos de la Presidencia del Congreso Nacional.

Algunas personas que llegan a visitar a Montoya, en su oficina, se han encontrado con Brizzio, quien además de atenderlos les fija horas de visita con su superior y en algunos casos toma decisiones sobre peticiones que presentan.

La ley es clara al respecto y como director general de Probidad Administrativa está en la obligación de saber la prohibición de que una persona perciba dos sueldos del Estado, pues al parecer en horas de la mañana se trabaja en sus nuevas funciones y en horas de la tarde en el Congreso Nacional.

La Tribuna / **21 de febrero de 1987**

Conflicto regional analiza FELICA

El Comité Ejecutivo de la Federación de Partidos Liberales de Centroamérica y el Caribe (FELICA) celebró su sesión ordinaria en Tegucigalpa, encabezado por el presidente José Azcona Hoyo, en su calidad de dirigente del Partido Liberal de Honduras.

Al evento concurrieron Rodrick Esquivel, vicepresidente de Panamá y vicepresidente del comité, Guillermo Selva Argüello, de Nicaragua, Ricardo Gonzáles Camacho y Ernesto Edwon, de El Salvador, José Cardona Mass y Luis Estibi, de Panamá y otros dirigentes de partidos de tendencia liberal del área.

**El mandatario José Azcona junto al vicepresidente de Panamá y
demás directivos de FELICA. (Foto de Orlando Sierra).**

Entre otros puntos se analizó la situación en el área centroamericana, tanto política como económica, la evolución de los partidos liberales, presupuesto de la organización, el boletín de FELICA y programa de trabajo para 1987.

Asimismo, la realización de un seminario sobre la posición de Contadora y el Documento de San José y los "contras", como alternativa para fortalecer la democracia en Centroamérica".

Fue evidente la solidaridad de los partidos liberales del área con los sectores que luchan en sus respectivos países por el imperio de la democracia, según manifestaron sus organizadores.

El Consejo Central Ejecutivo del Partido Liberal de Honduras (CCEPL) colaboró directamente en el montaje de este acto y en la atención de los visitantes, a través de comisiones especiales.

Los delegados de los distintos países presentaron exposiciones y al final se elaboró un documento que será dado a conocer una vez que se le dé la redacción final.

El presidente José Azcona brindó un coctel en la Casa de Gobierno, en honor de los visitantes.

El Comité Ejecutivo de FELICA analizó la situación regional y la evolución de los partidos liberales. (Foto de Orlando Sierra).

La Tribuna / **21 de febrero de 1987**

FELICA exige democratización a Nicaragua

La Federación de Partidos Liberales de Centroamérica y el Caribe (FELICA) se reunió ayer en Tegucigalpa para discutir aspectos de la política regional. Luego de terminar la cita, la organización emitió un pronunciamiento en el que exige a Nicaragua restituir las libertades proselitistas y públicas con miras a la democratización del país. Inf. Pág.3. (Foto Efraín Salgado). Sep. Luis Reyes Varela.

El Heraldo / **21 de febrero de 1987**

Aprueban acta constitutiva de FELICA

El presidente José Azcona instaló ayer la primera reunión de la Federación Liberal de Centroamérica y el Caribe (FELICA), con la asistencia de representantes de Honduras, Nicaragua, Panamá y República Dominicana.

La reunión tuvo como finalidad programar las actividades de esta organización para 1987, entre ellas un seminario bajo el tema "Contadora y la contra nicaragüense como alternativas para la solución de la crisis centroamericana".

A la cita de FELICA sólo llegaron como delegados funcionarios de gobiernos de los países participantes, el propio presidente Azcona en su calidad de presidente de la Federación, los miembros del Consejo Central Ejecutivo del Partido Liberal de Honduras, Rumualdo Bueso Peñalba, Pompilio Romero Martínez y Oscar Álvarez Durón.

En la cita de los dirigentes liberales del istmo se aprobó también el presupuesto con que funcionará la organización. (Foto Salgado)

Este último asistió, a pesar de ser magistrado de la Corte Suprema de Justicia, cuyo ejercicio está prohibido dentro del Poder Judicial porque sus miembros no pueden dedicarse a actividades partidistas.

También estuvieron presentes los diputados Oscar Melara, Antonio Ortez y Javier Valladares, quienes programarán la celebración de un seminario sobre el tema citado.

Óscar Melara dijo que en la reunión se había aprobado el acta constitutiva de FELICA y que en la misma se había aprobado el presupuesto con que funcionará dicha institución, aunque prefirió no mencionar el presupuesto anual que aportará cada uno de los países participantes.

Melara dijo únicamente que el presupuesto era bastante amplio y que cada uno de los países había aportado para los seminarios que se acordaron de celebrar seminarios internacionales y a nivel nacional y el cual uno de ellos será en el mes de marzo de este año.

Además, dijo que se incorporará a Colombia a FELICA y el Partido Liberal de Haití y ello se logrará mediante gestiones del Partido Estructura de la República Dominicana.

El Heraldo / **21 de febrero de 1987**

Democracia es el sustituto de la guerra en CA: FELICA

La democracia como sustituto de la guerra en Centroamérica fue una de las resoluciones más importantes de la reunión del Comité Ejecutivo de la Federación de Partidos Liberales de Centroamérica y Panamá (FELICA), realizada en esta capital.

Otras resoluciones adoptadas por FELICA, encabezada por el presidente José Azcona, es la necesidad de ejecutar un eficaz proceso de reforma agraria que beneficie a la mayoría de la población del área.

Asimismo, se determinó en la metodología de trabajo de comunicación entre los partidos liberales que funcionan en el área, celebración de un seminario en El Salvador, aproximadamente dentro de tres o cuatro meses, cuyo temario será "Democracia o Guerra".

La reunión de FELICA aprobó un firme apoyo a la oposición democrática de Nicaragua, en sus peticiones francas para que exista pluralismo político, considerándose que, si se dan esas condiciones, la guerra en ese país terminará.

Se determinó apoyar las gestiones de la Reunión de San José (con los 4 gobiernos democráticos del área) y al Grupo de Contadora, para instar al gobierno de Nicaragua a que promueva la reconciliación interna y que dé garantías de solución a los problemas políticos.

La FELICA concluyó que si la situación política de Centroamérica es consecuencia de la gran pobreza económica y falta de desarrollo y necesidad de mejores relaciones norte-sur y que la pugna por la hegemonía entre el este y el oeste ha venido a entorpecer el proceso de los pueblos del área.

Señalaron los dirigentes de FELICA que como liberales aspiran a promover el desarrollo en el marco democrático que debe ser imperioso en todos los pueblos de Centroamérica.

La Tribuna / **23 de febrero de 1987**

Hoy se reúne Federación Liberal de CA y el Caribe

El Comité Ejecutivo de la Federación Liberal de Centroamérica y el Caribe (FELICA) se reunirá hoy en Tegucigalpa para tratar temas relacionados con la marcha de las instituciones políticas de tendencia liberal del área, agrupadas en esta organización.

En la actualidad, el Comité Ejecutivo de FELICA está presidido por el mandatario José Azcona Hoyo, en su calidad de dirigente del Partido Liberal de Honduras y como vicepresidentes los máximos dirigentes de esas instituciones.

Entre los partidos miembros se encuentran el Liberal Independiente de Nicaragua, Acción Democrática de El Salvador, Partido Liberal de Panamá, la Estructura de República Dominicana y otros.

Las deliberaciones se iniciarán a las 2:00 de la tarde en un centro social de Tegucigalpa, en el cual estarán presentes destacadas personalidades políticas, entre ellas el vicepresidente de Panamá, Roderick Esquivel, Virgilio Godoy, de Nicaragua, Andrés Vander Horst, de República Dominicana, Ricardo Gonzáles Camacho y Ernesto Edwon, de El Salvador.

La Tribuna / **20 de febrero de 1987**

Preocupado jefe de FF.AA. por ola de delincuencia

TEGUCIGALPA.- El Comandante en Jefe de las Fuerzas Armadas, general Humberto Regalado Hernández, descarta cualquier vinculación terrorista en los últimos asaltos ocurridos en el país.

Regalado Hernández mostró su preocupación por la ola de delincuencia que se ha desatado, por lo que se está haciendo todo lo humanamente posible para enfrentar este mal.

Dijo que el comandante general de la Fuerza de Seguridad Pública, (FS), coronel Leonel Riera Lunatti, tiene todo el comando en jefe del Estado Mayor conjunto y de los comandantes de las otras ramas del Ejército para combatir a los delincuentes.

Señaló que se están preparando elementos de la FSP para que sean mejores policías en el campo personal y en el militar, y eso es producto del interés del actual comandante, agregó.

El oficial considera que el respaldo económico que se le da a las autoridades policiales es mínimo, pero que dentro de la formación militar es amplio a fin de que sean buenos ciudadanos cuando cumplen con su deber.

Sostuvo que mantendrán el respeto al ordenamiento jurídico de los hondureños, ya que en ese esquema se encuentra el triunfo de las aspiraciones de un militar.

Las relaciones con el presidente Azcona, son cordiales, dijo Regalado Hernández, "ya que unidos buscamos superar la crisis que se vive en el área", finalizó.

UN PRESIDENTE SOLO

(Tito H. CÁRCAMO TERCERO).

Al cumplirse el primer año de gobierno del Ing. José Azcona Hoyo, y al dirigirse al Soberano Congreso Nacional, hizo un somero balance del estado del país durante el año de 1986, transmitiendo a toda la ciudadanía hondureña un mensaje de confianza que es el fundamento de la estabilidad espiritual y material de la nación.

Hizo énfasis en el total respeto que él mantiene por las Instituciones democráticas y los Poderes del Estado. En su análisis global negó implícitamente que tuviera en su Gobierno ministros incapaces, defendiéndolos así de las constantes críticas de los distintos medios de comunicación social, quienes los acusan de que diluyen su precioso tiempo en ajetreos políticos sectarios.

Apenas habían transcurrido unos pocos días de su valerosa defensa, cuando en un lamentable irrespeto a sus declaraciones y jerarquía, casi la totalidad de su equipo ministerial, organizaba –con bombos y platillos- una concentración política de proyección nacional.

Entendemos que, en un gobierno democrático, surgido de la voluntad popular, sus más allegados y poderosos colaboradores deben ser solidarios con su Presidente, propiciando al máximo el éxito de su gestión administrativa, con la convicción que si se obtienen los frutos deseados, todos los integrantes de ese equipo serán beneficiados de él; a "contrario sensu"-, si hay fracasos ellos también deberán ser compartidos por los integrantes del régimen sin excepción.

¿Por qué dejar solo –entonces- al señor Presidente? Diario EL HERALDO en su editorial del 11 de febrero recién pasado, dice: "Frente a la pobreza y a la miseria en que se debate la mayoría del pueblo hondureño todavía no surge una tesis nacional que se encamine con resolución a la desarticulación de estos problemas…" Y decimos nosotros: ¿Cómo puede surgir una tesis nacional para encarar estos problemas, si los más allegados y poderosos colaboradores del ciudadano Presidente de la República, están dilapidando su precioso tiempo en obtener el mayor número de adeptos para calorizar sus prematuras aspiraciones presidenciales?

Todo esto ha venido a dañar en forma antipatriótica e irresponsable la función gubernamental del Primer Magistrado de la nación, quien, a pesar de sus buenas intenciones, su honestidad y entrega total a sus responsabilidades de estadista, no ha podido contar con un equipo de hombres que lo secunden.

Pero… ¿qué es lo que sucede? Sencillamente que no hay respeto a su jerarquía ni hay disciplina en sus colaboradores; pues como bien dijera uno de sus propios ministros: "cada quién se dispara como quiere".

La administración pública, los partidos políticos, el Estado todo marchará al derrumbe más completo, si a sus miembros les falta el espíritu de disciplina.

El principio de autoridad ha sido establecido, acatado y respetado, desde el comienzo de la humanidad por todos los individuos de todas las edades, regiones o razas. Cuando desaparece la disciplina y el respeto a la jerarquía, surge el caos, se destruye el orden y se instala la anarquía.

Nuestro país no podrá jamás lograr la superación nacional que todos anhelamos, si los que manejan los destinos de la nación, violan nuestras leyes secundarias e irrespetan la Constitución. Tegucigalpa, D.C., 16 de febrero de 1987.

El Heraldo / **21 de febrero de 1987**

Cuidado al bajar interés bancario

- ***El presidente advierte que hay que estudiar las posibles consecuencias***

TEGUCIGALPA.- El presidente José Azcona Hoyo advirtió ayer que con una disminución de las tasas de interés bancario podría llevar a la devaluación de la moneda.

Azcona Hoyo consultado ayer sobre el controversial asunto de la rebaja a las tasas de interés bancario al salir de la sesión de inauguración del Comité Ejecutivo de la Federación de Partidos Liberales de Centroamérica y Caribe (FELICA).

El mandatario dijo no obstante que la rebaja al interés bancario será estudiada. Indicó que ayer recibió un análisis del Banco Central donde señala los pros y los contras de una disminución en las tasas de interés bancario.

Dijo que en todo caso si se tomara una decisión rebajando tasas de interés "al hacerse tendía que ser muy medido para ver los efectos positivos y negativos que puede traer para la economía nacional".

Azcona Hoyo descartó que existan intereses particulares en la idea de disminuir el interés bancario.

Reveló que en el informe del Banco Central "en algunos casos sí recomienda algunas rebajas de las tasas de interés, pero hay que tener mucho cuidado".

Explicó que "si existe baja en las tasas de interés, los bancos también bajan las tasas de interés de sus depositantes y se desestima el ahorro interno que tanto necesitamos".

Dijo que "se puede provocar un consumismo, en una desenfrenada carrera que eso necesariamente puede llevar a la fuerte inflación, incluso a la devaluación".

"Por eso esas medidas hay que tomarlas con mucho cuidado y viendo y estudiando las repercusiones positivas y negativas que pueden tener para la económica nacional".

RECIBE INFORME DE COHDEFOR

Azcona Hoyo dijo además que ya recibió un informe del gerente de la Corporación Hondureña de Desarrollo Forestal (COHDEFOR) de parte del gerente José Segovia sobre el denunciado uso de maquinaria de esa empresa en actividades particulares de Segovia.

El presidente dijo "esa maquinaria dicen que también ha estado trabajando en Ojo de Agua y eso lo vamos a ver".

Dijo que "los trabajos también beneficiaron a la aldea del Ojo de Agua".

Sostuvo que si se comprobara que hay irregularidades en el manejo de la maquinaria de COHDEFOR destituiría a Segovia, aclarando no obstante que se está en investigaciones. (GP).

Tiempo / **21 de febrero de 1987**

Habib, como siempre

TEGUCIGALPA.-El enviado especial de los Estados Unidos para Centroamérica, Philip Habib, se reunió ayer en la tarde con el presidente José Azcona Hoyo, para discutir sobre la paz y la democracia en la región centroamericana.

En la reunión, que duró más de una hora, participó también el embajador de los Estados Unidos en Honduras, Everett Briggs, y el ministro de Relaciones Exteriores, abogado Carlos López Contreras.

Philip Habib, que se caracteriza por no ser anuente a dar declaraciones a la prensa, dijo que le "agradó mucho tener la oportunidad de hablar con el presidente Azcona, quien, como siempre, me recibió muy cordialmente. Vine a discutir y obtener su punto de vista sobre el tema de la paz y la democracia en Centroamérica; hablamos de eso y es todo lo que tengo que decir por ahora".

Preguntado cuál era su punto de vista sobre la paz y la democracia en Centroamérica, Habib expresó que "yo no voy discutir nada más; los Estados Unidos favorecen la democratización en Centroamérica y hemos dicho oficialmente esto en Washington muchas veces, más allá de eso no puedo decir nada".

A la pregunta si en la reunión con el presidente se analizó el problema de los contras, Philip Habib manifestó que "no hablamos de eso", ¿por qué? se le insistió, contestando que "mi función es de examinar y de abogar por el proceso de paz, esa es mi función y sobre eso es de lo que hablamos". (TDG).

HABIB

Tiempo / **24 de febrero de 1987**

Camaradería y nostalgia en la despedida a oficiales retirados

TEGUCIGALPA. – En un marco de camaradería y con la nostalgia reflejada en el rostro, 33 oficiales del Ejército se retiraron de sus actividades militares, mientras los activos se preparan para ese momento.

El coronel Omar Zelaya Reyes, habló en nombre de sus compañeros de grado y dejó demostrada su tristeza por abandonar las armas, aunque sostuvo que estará listo cuando la patria lo necesitara.

Con música de mariachis, los militares esperaban el momento que terminara la fiesta que en su honra se hizo en el Club de la Fuerza Aérea Hondureña adonde asistió el presidente de la República José Azcona y el general Humberto Regalado Hernández, sobre el retiro de los militares, dijo ese grupo de destacados oficiales que han pasado a la condición de retiro con prestigio que debemos alcanzar todos los hombres de las armas.

Dijo que es un derecho de los 33 oficiales que se retiraron por cumplir 30 años de servicio y algunos otros por haber solicitado su retiro de acuerdo a la ley.

Señaló el general que se experimenta una nostalgia en el momento en que los viejos compañeros de armas se van de los cuarteles, dejando recuerdos de las acciones que se han hecho en forma conjunta y de las bromas que se gastan en los momentos de defender la patria, para entrar con mayor firmeza.

Manifestó que está preparado para el retiro cuando ese momento llegue, aunque la tristeza la acompañará después de muchos años de entrega al Ejército Hondureño.

El presidente José Azcona que participó en los actos de retiro, dijo que lo importante es retirarse con el deber cumplido como lo hicieran los que se retiraron ayer por la noche en una fiesta de despedida.

Manifestó el mandatario que el retiro de estos oficiales representa una satisfacción enorme para ellos, pues han pasado por los cuarteles cumpliendo con el deber y luchando por defender los intereses de la patria.

Más que meritoria despedida es fundamental para los oficiales retirados, pues logran recibir en lo económico lo que la ley les otorga y han salido con la frente en alto, por la labor realizada, puntualizó Azcona Hoyo.

Los oficiales que pasaron a posición de retiro escuchan la intervención del presidente Azcona.

La Prensa / **21 de febrero de 1987**

Azcona y North pidieron indulgencia a favor del general A. Bueso Rosa

WASHINGTON/UPI.--El teniente coronel Oliver North solicitó ayuda gubernamental para obtener indulgencias para un general hondureño convicto en 1984 en un caso de cocaína y conspiración para asesinar al presidente de Honduras, informó hoy el Diario The New York Times.

Agentes del FBI en Miami, siguiendo una pista, lograron desbaratar la conspiración que iba a ser financiada con lo que se obtuviera de la venta en Estados Unidos de una cantidad de cocaína estimada en 10 millones de dólares, informó el Diario citando documentos del Consejo de Seguridad Nacional.

La comisión Tower, que está investigando las operaciones del CNS relacionadas con el escándalo Irán-armas-Contras, ha revisado los documentos y los ha referido a Lawrence Walsh, el fiscal especial que está investigando el escándalo.

Según los documentos, North, que fue destituido de su puesto en el CNS en noviembre por su vinculación en las maniobras Irán-armas-Contras, pidió al Departamento de Estado y al de Justicia que intercedieran por el general hondureño José Bueso Rosa, comprometido en un complot para asesinar al presidente de Honduras, Roberto Suazo Córdova en 1984.

Los conspiradores que complotaban en Miami, planeaban asumir el gobierno de Honduras durante una revuelta civil que esperaban se iniciara después de asesinado el presidente, de acuerdo a los documentos del CNS.

Entre las referencias al caso, los documentos incluyen cartas de apoyo a Bueso enviadas al presidente Ronald Reagan y el procurador general Edwin Meese por José Azcona Hoyo, quien asumió como presidente de Honduras en enero de 1986.

Funcionarios estadounidenses familiarizados con el material dijeron que los investigadores están tratando de averiguar bajo qué circunstancias Azcona escribió las cartas y qué gestiones de North por obtener indulgencias para Bueso estuvieron vinculadas con sus actividades encubiertas mientras era miembro del CNS.

Bueso nunca fue enjuiciado por cargos de drogas, y después de pasar ocho meses arrestado en Chile, mientras Estados Unidos trató de lograr su extradición, se entregó voluntariamente en Miami al final de 1985.

Se declaró culpable de dos cargos en junio de 1986 por viajar como parte de una conspiración de asesinato y fue sentenciado el 23 de julio de 1986 a cinco años de cárcel, los que está cumpliendo en una prisión federal de mínima seguridad en la base aérea Eglin en Florida.

Azcona pidió clemencia

- *"...Porque es un hondureño que se encuentra preso en EE.UU."*

TEGUCIGALPA.- El presidente José Azcona Hoyo confirmó ayer que pidió clemencia al gobierno norteamericano para el general José Abdenego Bueso Rosa, condenado en los Estados Unidos por participar en una conspiración para asesinar al expresidente Roberto Suazo Córdova.

La revelación la hizo el presidente Azcona a través del jefe de Información de la Casa Presidencial, Marco Tulio Romero, tras conocerse ayer, por medio de cables provenientes de Washington, que el mandatario hondureño y el teniente coronel Oliver North, ex asesor del Consejo de Seguridad Nacional de los Estados Unidos, pidieron al gobierno norteamericano un trato indulgente para el general Bueso Rosa.

Romero dijo que el presidente Azcona pidió clemencia para el general Bueso, "porque es un hondureño que se encuentra preso en los Estados Unidos".

Un cable de la agencia EFE señala que el diario The New York Times, citando documentos del Consejo de Seguridad Nacional, hizo referencia ayer a la existencia de dos cartas de apoyo a Bueso, enviadas por Azcona al presidente Ronald Reagan y al secretario de justicia norteamericano, Edwin Meese.

 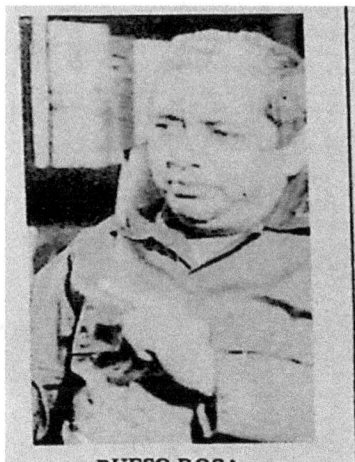 

OLIVER NORTH   **BUESO ROSA**   **JOSÉ AZCONA**

Tiempo / **24 de febrero de 1987**

Conozco opiniones sobre paz y democracia en C.A.

En una visita calificada de "informativa", el embajador itinerante de la Casa Blanca, Philip Habib, llegó ayer a Tegucigalpa para entrevistarse con el presidente Azcona, el jefe de las Fuerzas Armadas y el canciller de la República. El diplomático que procedía de San José, pernoctó en la capital hoy continuará su gira por El Salvador; en el viaje no se incluye Guatemala. En la gráfica, el enviado especial, acompañado del embajador Everett Briggs, dialoga con el mandatario. (Foto Salinas). Inf. Pág. 12.

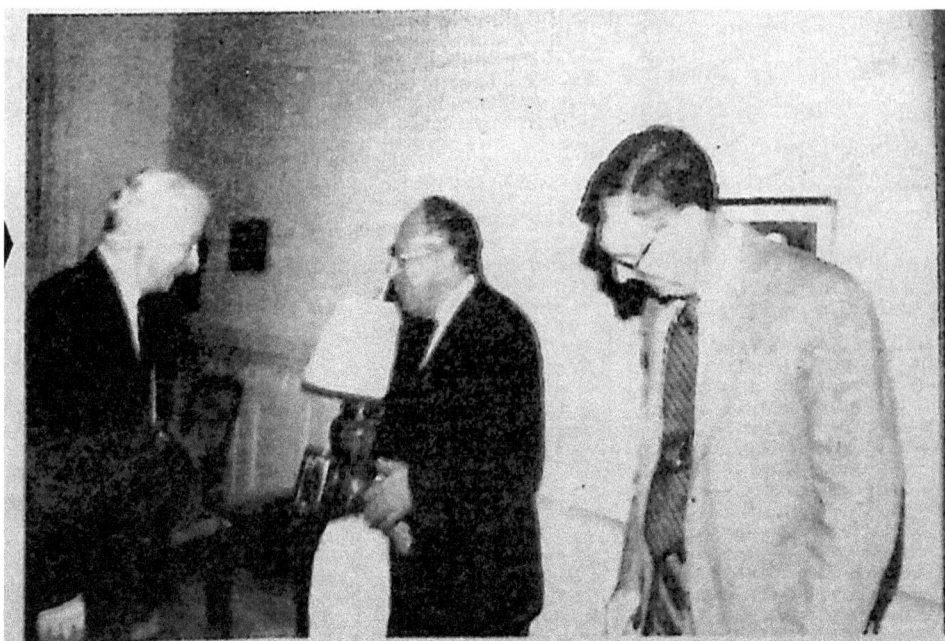

La Prensa / 24 de febrero de 1987

Hoy llega a Honduras Philip Habib

TEGUCIGALPA. –El embajador itinerante de gobierno de Estados Unidos para Asuntos Centroamericanos, Philip Habib, arribará hoy al país para entrevistarse con el presidente José Azcona Hoyo y el jefe de las Fuerzas Armadas, general Humberto Regalado Hernández.

El enviado especial del presidente Reagan realiza una nueva gira por los países del área para seguir conociendo los puntos de vista de los gobiernos de estas naciones relacionadas con los problemas políticos-militares y especialmente la última propuesta regional de paz presentada por el gobierno costarricense que preside Oscar Arias Sánchez.

Habib tenía previsto estas visitas en el mes de enero pasado, pero a solicitud de los gobiernos del área, según se informó oportunamente, fue aplazado el viaje en virtud que se acercaba la gira de los secretarios generales de la OEA y la ONU y los cancilleres del Grupo de Contadora y su Grupo Apoyo.

No se informó la hora exacta que tendrá lugar la entrevista entre el presidente Azcona Hoyo y el enviado especial norteamericano ni los temas que abordarán.

El viernes anterior el gobernante hondureño sobre la visita de Habib dijo que no sabía nada sobre los temas a tratar, pero "posiblemente tocaremos los asuntos políticos de la región".

Azcona invitado a visitar Perú

TEGUCIGALPA.-El presidente José Azcona Hoyo ha sido invitado oficialmente a visitar la República del Perú por el gobierno presidido por Alan García, informó el jefe de la prensa, Marco Tulio Romero.

Romero recibió al embajador de aquella nación, Jaime Castro Mendivil, al momento de reafirmar la deferencia de García, quien, a través del ministro de Relaciones Exteriores, Allan Vagner, hizo una comunicación preliminar sobre el particular.

Castro Medivil manifestó que Azcona Hoyo bien puede aprovechar la visita que hará a Ecuador, y que el propósito de García es exponer el punto de vista de administración en relación al conflicto centroamericano, asegurando que existen algunos sectores que aún no han comprendido la misma. se informó la hora exacta que tendrá lugar la entrevista entre el presidente Azcona Hoyo y el enviado especial norteamericano ni los temas que abordarán.

El diplomático habló además del proceso de Contadora, organismo que a su criterio no ha fracasado "aunque ha enfrentado ciertos obstáculos que no han permitido que cumpla su objetivo".

Por otra parte, el embajador calificó como positiva la reunión de presidentes centroamericanos celebrada recientemente en San José Costa Rica, indicando que la acción demuestra la voluntad que tiene para superar el conflicto.

La Prensa / **23 de febrero de 1987**

119

Azcona y Habib discutirán hoy nueva propuesta de paz

El enviado especial del presidente Reagan para Centroamérica, Philip Habib, se entrevistará hoy con el presidente hondureño, José Azcona Hoyo, para discutir el plan de paz regional que ha sido planeado por el presidente de Costa Rica, Oscar Arias.

Habib realiza una gira por los países de la región para determinar su gobierno decide apoyar el "Plan Arias", que fue conocido por los presidentes de Guatemala, El Salvador, Honduras y Costa Rica el domingo 15 en San José.

"El embajador itinerante viene a Centroamérica a tratar sobre los mismos asuntos políticos de la situación centroamericana. Eso no hay que negarlo ni tampoco quererlo encubrir", dijo al respecto el presidente Azcona.

Habib también aprovecharía su visita para indagar sobre la situación interna de los contras nicaragüenses, especialmente en el terreno militar, tras las disputas internas de sus principales jefes.

En la reunión entre el presidente Azcona y el embajador Habib, también estarán presentes el canciller Carlos López Contreras y el comandante en jefe de las Fuerzas Armadas, general Humberto Regalado Hernández.

El Heraldo / 23 de febrero de 1987

Secretario del Departamento de Defensa de EEUU visita al Presidente

TEGUCIGALPA.-El secretario del ejército y del Departamento de Defensa de los Estados Unidos, John Marsh, se reunió ayer en la tarde con el presidente José Azcona Hoyo, para dialogar sobre los problemas del área centroamericana.

Marsh, acompañado de cinco oficiales del Pentágono, realiza una visita de "orientación" en Honduras y se entrevistará también con el jefe de las Fuerzas Armadas, general Humberto Reglado Hernández, dijo el vocero de la embajada de los Estados Unidos, Arthur Skop.

El funcionario del departamento de Defensa visitará también las tropas norteamericanas de la Base de Palmerola y el lugar donde se están desarrollando los ejercicios militares combinados "Terencio Sierra 87".

En la reunión con el presidente Azcona participaron también el embajador de los Estados Unidos, Everett Briggs, y los oficiales del Pentágono. (TDG).

Tiempo / 21 de febrero de 1987

Ayer estuvo en Palmerola

Secretario del Pentágono se entrevista con Azcona

El secretario del Ejército y del Departamento de Defensa de los Estados Unidos de América, John Marsh, se entrevistó ayer con el presidente José Azcona para analizar la situación conflictiva de la región.

Marsh realiza una gira de orientación por América Central y durante su visita a Honduras se reunió con el comandante en jefe de las Fuerzas Armadas, general Humberto Regalado Hernández.

También hizo una visita a la Base Militar de Palmerola para conocer la situación en que se encuentran las tropas norteamericanas acantonadas en ese lugar desde 1982.

La presencia del secretario del ejército y del Pentágono en Palmerola se efectuó en momentos que el presidente norteamericano Ronald Reagan ha solicitado al Congreso la aprobación de una partida de 10 millones de dólares para construir instalaciones permanentes que serán ocupadas por los 1.100 soldados estadounidenses que se encuentran en Honduras.

Asimismo, estuvo presente en la zona donde tropas combinadas de Estados Unidos y Honduras llevan a cabo las maniobras militares "Terencio Sierra 87" que comprenden la construcción de una carretera de 5.5 kilómetros en el departamento de Yoro.

La Tribuna / 21 de febrero de 1987

Se reunieron ayer:

Azcona con miembros del Ejército de EE.UU.

TEGUCIGALPA.- El secretario del Ejército de los Estados Unidos y del Departamento de Defensa, John Marsh y cinco oficiales más, se reunieron ayer con el presidente José Azcona Hoyo y el jefe de las Fuerzas Armadas, general Humberto Regalado Hernández.

El encuentro tuvo lugar a las cinco de la tarde en Casa de Gobierno sin lograrse al final ningún comentario de los participantes ni de los temas que abordaron.

El embajador norteamericano en nuestro país. Everett Briggs, también asistió a la reunión, pero tampoco quiso hablar.

El portavoz de la embajada norteamericana, Arthur Scotch, informó que la visita de Marsh es para hacer una revisión personal a la Base de Palmerola, en Comayagua, a las maniobras militares que tienen lugar en el departamento de Yoro.

El secretario de Ejército norteamericano, que no es militar, abandonará el país posiblemente mañana, según los voceros de la embajada de ese país en Honduras.

La posible construcción de barracas de cemento en las bases norteamericanas en Tamara, pudo haber sido otro de los temas tratados entre el presidente y los representantes del Ejército de los Estados Unidos.

La Prensa / 21 de febrero de 1987

Rebaja a intereses provocaría consumismo, afirma Azcona Hoyo

- **"Si se comprueba veracidad de denuncia en COHDEFOR despediré a Segovia", anuncia**

La rebaja de las tasas de interés bancario puede resultar una medida contraproducente porque provocaría el consumismo, declaró ayer el presidente José Azcona Hoyo.

Azcona reveló que el presidente del Banco Central, Gonzalo Carías Pineda, le hizo llegar un documento personal en el cual le explica que deben medirse las consecuencias para tomar una decisión de esa naturaleza.

Según el mandatario ese documento recomienda que se produzcan rebajas en algún tipo de intereses, pero advierte que se podría desestimular el ahorro y provocar un alza en el consumismo que en definitiva nos llevaría a la devaluación monetaria.

Hablando sobre las denuncias de corrupción en la Corporación Hondureña de Desarrollo Forestal (COHDEFOR) el presidente informó que el gerente de la empresa, José Segovia, le mandó una documentación relacionada con las denuncias sobre irregularidades administrativas en esa entidad.

Azcona aseguró que la maquinaria y los trabajos de campo no solamente benefician al gerente de COHDEFOR sino también a la comunidad de Ojo de Agua.

"Si se comprueba que los documentos publicados están en contra del gerente de la corporación lo separaré del cargo", concluyó el mandatario.

El Heraldo / **21 de febrero de 1987**

Al gobierno de Estados Unidos

Azcona pidió indulgencia para coronel Bueso Rosa

WASHINGTON, 23 FEB (EFE). El presidente hondureño, José Azcona Hoyo, y el teniente coronel Oliver North, pidieron al gobierno norteamericano un trato indulgente para el general José Bueso Rosa, condenado por participar en una conspiración para asesinar a Roberto Suazo Córdova, mandatario de Honduras en 1984.

Esta revelación la publica hoy el diario The New York Times, citando documentos del Consejo de Seguridad Nacional (CSN) que se refieren a la existencia de dos cartas de apoyo a Bueso, enviadas por Azcona al presidente Ronald Reagan, y al secretario de justicia norteamericano, Edwin Meese.

Las autoridades norteamericanas desmantelaron en 1985, en Miami un plan dirigido por el general Bueso, para asesinar al entonces presidente hondureño Suazo Córdova y después tomar el poder del país.

Los conspiradores pretendían financiar el complot con venta de cocaína en Estados Unidos, valorada en más de 10 millones de dólares.

El general Bueso, tras pasar ocho meses en Chile mientras Washington intentaba extraditarlo, se entregó voluntariamente a las autoridades en Miami, a finales de 1985.

El militar, que nunca fue acusado de tráfico de cocaína se declaró culpable de conspiración en junio de 1986 y un mes después fue condenado a cinco años de cárcel.

Actualmente cumple la pena en una prisión de la base aérea de Eglin, en Florida.

De acuerdo con los documentos, Azcona, que accedió a la presidencia de Honduras en enero de 1986, escribió a Reagan, en abril del año pasado para pedirle que examinara personalmente el caso, se retiraran los cargos contra el conspirador o se le garantizara el perdón.

El mandatario centroamericano volvió a escribir otra carta, el 5 de junio de 1986, al secretario Meese, que fue entregada en el Departamento de Justicia, un día después por el embajador hondureño en Washington.

José Abdenego Bueso Rosa

La Prensa / **24 de febrero de 1987**

El vaticinio del Ing. Azcona se fue al "hoyo"

TEGUCIGALPA.- Una vez concluido el juego entre Costa Rica y Honduras dentro del marco de la fase clasificatoria, Canadá 1987, el señor presidente de la república, Ing. José Simón Azcona Hoyo comentó a una radioemisora local que observé junto con el embajador de México el juego entre los Estados Unidos y México; fue un excelente encuentro, como han sido todos los desarrollados hasta ahora y considero de que el día de hoy Honduras jugará como lo hizo contra Estados Unidos, pero "va a ganar", porque tenemos un magnífico equipo, aseveró el mandatario.

Aprovechando la coyuntura, el ágil reportero preguntó al Ing. José Simón Azcona Hoyo ¿De clasificar la Selección tendrá el apoyo gubernamental? Sí va a tener apoyo, dijo con voz enfática y añadió que tenemos que apoyar a los deportes eso va en beneficio de la salud de los pueblos, aseguró el jefe del Gobierno.

¿Cuál será su mensaje a la afición hondureña?, pidieron el Ing. Azcona Hoyo. Mi mensaje es de fe. "Que vamos a ganar hoy" y clasificaremos para esta presentes "en Costa Rica", citó textualmente el Ing. Azcona Hoyo, posiblemente producto del nerviosismo que lo embargaba en esos momentos.

La Prensa / **24 de febrero de 1987**

Azcona y Phillip Habib analizan alternativas de paz para el Istmo

- **Probidad pide separación de viceministra de Hacienda**

El enviado especial del presidente Ronald Reagan, Phillip Habib, llegó nuevamente ayer a Tegucigalpa y se entrevistó con el presidente Azcona Hoyo. El representante norteamericano dijo que Estados Unidos apoyará cualquier iniciativa en pro de la paz en el Istmo.

El Heraldo / **24 de febrero de 1987**

AZCONA Y NORTH INTERVINIERON PARA QUE NO SE CONDENARA A BUESO ROSA

- **Investigan vinculación del militar, ahora condenado, con el escándalo "Irán-Contras"**

WASHINGTON, FEB (EFE).- El presidente hondureño José Azcona Hoyo, y el teniente coronel Oliver North pidieron al gobierno norteamericano un trato indulgente para el general José Bueso Rosa, condenado por participar en una conspiración para asesinar a Roberto Suazo Córdova, mandatario de Honduras en 1984.

Esta revelación la publicó ayer el diario The New York Times, citando documentos del Consejo de Seguridad Nacional (CSN) que se refieren a dos cartas de apoyo a Bueso, enviadas por Azcona al presidente Ronald Reagan y al secretario de Justicia norteamericano, Edwin Meese.

Las autoridades norteamericanas desmantelaron en 1985, en Miami, un plan dirigido por el general Bueso para asesinar al entonces presidente hondureño Suazo Córdova y después tomar el poder del país.

Los conspiradores pretendían financiar el complot con la venta de cocaína en Estados Unidos, valorada en más de 10 millones de dólares.

El general Bueso, tras pasar ocho meses en Chile, mientras Washington intentaba extraditarlo, se entregó voluntariamente a las autoridades den Miami a finales de 1985.

El militar, que nunca fue acusado de tráfico de cocaína, se declaró culpable de conspiración en junio de 1986 y un mes después fue condenado a cinco años de cárcel. Actualmente cumple la pena en una prisión de la base aérea de Eglin, en Florida.

De acuerdo con los documentos, Azcona, que accedió a la presidencia de Honduras en enero de 1986, escribió a Reagan en abril del año pasado para pedirle que examinará personalmente el caso, se retiraran los cargos contra el conspirador o se le garantizará el perdón.

El mandatario centroamericano volvió a escribir otra carta, el 5 de junio de 1986, al secretario Meese que fue entregada en el Departamento de Justicia un día después por el embajador hondureño en Washington.

Una de las misivas donde se señalaban los valores del general Bueso y se aseguraba que Estado Unidos y Honduras perderían a una gran figura si era enviado a prisión, no llegó a manos del presidente Reagan porque fue bloqueada por sus ayudantes.

Pero la otra, según dijeron fuentes vinculadas al asunto, fue entregada a Reagan por un canal que no podría ser ignorado.

North, miembro del CSN hasta noviembre pasado, es considerado como el "Hombre clave", del escándalo "Irán-contras" y de la red privada de ayuda para los rebeldes nicaragüenses.

Además del general Bueso, fue implicado en la conspiración Gerard Latchinian, un traficante de armas y ex-socio de Max Gómez, el ex-agente de la CIA que dirigía las operaciones planeadas por North para entregar en secreto armas para los "contras" desde la base salvadoreña de Ilopango.

Latchianian, sentenciado a 30 años de cárcel, dijo que creía participar en una conspiración apoyada por el gobierno de Estados Unidos.

Bueso, que fue jefe del Estado Mayor Conjunto de las Fuerzas Armadas hondureñas hasta 1984, es tenido como un importante colaborador de la administración norteamericana en sus esfuerzos en apoyar a los rebeldes antisandinistas.

Funcionarios familiarizados con el caso y Francis McNeil, hasta hace un mes subdirector de Inteligencia del Departamento de Estado, coincidieron en que North pidió indulgencia para el general conspirador.

Paul Gorman, ex-comandante de las fuerzas norteamericanas en Latinoamérica, mostró también un interés especial por el general Bueso, agregaron los funcionarios.

Pero, al final, prevaleció el sentido común, no sin antes haberse discutido el asunto, precisó Mc-Neill.

*BUESO ROSA

El Heraldo / **24 de febrero de 1987**

Sobre nueva iniciativa de paz dialogan Azcona y Philip Habib

- **El enviado especial del presidente Reagan dijo anoche que no viene a hablar de los contras porque su misión es buscar la paz.**

La propuesta de paz para Centroamérica, presentada a la consideración de los gobiernos del área por el presidente de Costa Rica, Oscar Arias Sánchez, fue el tema principal de las conversaciones sostenidas ayer por el presidente José Azcona Hoyo y el embajador itinerante del gobierno norteamericano, Philip Habib.

El enviado especial del presidente Reagan dijo brevemente a los periodistas que su nueva gira por la región "tiene como propósito conocer los puntos de vista de sus presidentes sobre la paz y la democracia en América Central".

"Los Estados Unidos favorecemos la paz y la democratización en Centroamérica"., dijo Habib, quien negó que en la reunión se haya abordado el tema de la lucha que libran los contras nicaragüenses.

"He venido a abogar por la paz porque esa es mi función y de eso fue lo que hablamos", añadió Habib.

En la reunión estuvieron presentes también el embajador de los Estados Unidos, Everett Briggs, y el canciller Carlos López Contreras, quien confirmó que el tema central de la entrevista fue la propuesta de paz del gobierno de Costa Rica.

"El Embajador Habib viene a conocer la evolución de la iniciativa de paz del presidente Arias, de la cual los Estados Unidos tienen sus puntos de vista particulares porque se trata de un documento base para negociaciones", sostuvo López Contreras.

Añadió que una de las inquietudes que priva en los gobiernos de la región es que el Documento de San José plantea que el gobierno sandinista debe dialogar con la oposición política desarmada y no con los contras.

Sin embargo, el canciller hondureño aseguró que de ser ciertas las versiones sobre que la Unión Nacional Opositora UNO, de Nicaragua acepta el diálogo entre el gobierno sandinista y la resistencia cívica "habría desaparecido uno de los elementos difíciles de superar y se simplificaría enormemente una solución negociada".

López Contreras insistió en que el negociador norteamericano "únicamente busca conocer la versión general de Honduras sobre la propuesta de Costa Rica.

"Habib estima, al igual que los demás gobiernos del área, que ese Documento servirá de base para posteriores negociaciones en Esquipulas", dijo López Contreras.

Agregó que la decisión del gobierno de Nicaragua de aceptar participar en esa reunión cumbre "es deseable porque en San José se concluyó que un arreglo pacífico en la región debe tener el consenso de los cinco gobiernos".

Desde un principio, el gobierno de Honduras insistió en que cualquier arreglo en San José no tenía que ser necesariamente un traje a la medida de Nicaragua, sino que había que enriquecer el documento con las aportaciones y sugerencias de los otros gobiernos", concluyó el canciller.

El Heraldo / 24 de febrero de 1987

Sostiene The New York Times

AZCONA PIDIÓ A "EE.UU." CLEMENCIA PARA BUESO R.

- ***Las cartas que envió a Reagan y al secretario de Justicia son examinadas por la comisión que investiga el "Irangate"***
- ***También intercedió a su favor Oliver North y Paul Gorman***

WASHINGTON, Feb. 23 (AFP).- El presidente José Azcona y el teniente coronel Oliver North, pidieron el año pasado a Estados Unidos clemencia para un general hondureño condenado en este país por conspiración para asesinar en 1984 al anterior presidente de Honduras, reveló hoy el New York Times citando documentos del Consejo de Seguridad Nacional (CSN).

La comisión que investiga el papel de este organismo gubernamental en el escándalo del desvío de fondos de la venta de armas a Irán hacia los contras examinó esos documentos, que incluyen cartas de Azcona al presidente Ronald Reagan y al secretario de Justicia Edwin Meese, así como documentos del CSN con referencias al caso.

Los investigadores intentan determinar las circunstancias en que fueron escritas las cartas de Azcona pidiendo clemencia para el ex jefe del ejército hondureño José Bueso Rosa, quien actualmente cumple una condena de 5 años de cárcel en la prisión federal de mínima seguridad en la base de la Fuerza Aérea de Eglin, en Florida, por su participación en el complot para asesinar al ex-presidente Roberto Suazo Córdova y dar un golpe de Estado en su país.

También quieren establecer si los esfuerzos en favor del general Bueso están vinculados a las actividades encubiertas en favor de los contras dirigidas por North mientras revistaba en el CSN.

El 7 de abril de 1986, Azcona pidió por escrito a Reagan que examinara personalmente el caso de Bueso y que los cargos norteamericanos en su contra fueran retirados, o que Reagan extendiera un perdón ejecutivo al general, afirmó el fiscal asistente Joseph Mcsorley en Miami.

Otra carta de Azcona fechada el 5 de junio de 1986 y dirigida al secretario de Justicia Edwin Meese fue entregada personalmente al Departamento de Justicia por el embajador hondureño en Washington el día 6 de junio según los archivos de Departamento de Justicia.

Las cartas, que no eran idénticas, se referían a la foja de servicios impecable de Bueso y afirmaban que sería lamentable privar a Honduras y a EEUU de sus "valiosos servicios" en caso de ser encarcelado indicó el Times.

El complot para asesinar a Suazo Córdova y tomar el poder en el marco de la confusión que seguiría, debería ser financiado por ventas de cocaína en EEUU por un valor de más de diez millones de dólares.

La conspiración fue desbaratada por la Seguridad Federal (FBI) en Miami, gracias a información suministrada por el ex-comandante del frustrado rescata de los rehenes de la Embajada norteamericana en Teherán, el coronel Charles Beckwith, y otro militar, quienes al ser contactados por los aspirantes se escandalizaron del plan.

El sub-secretario de Estado adjunto para Inteligencia e investigaciones, Francis Mcneil, que renunció recientemente por discrepancias sobre los contras, indicó que los departamentos de Estado y Justicia "rechazaron un esfuerzo por parte de algunos militares norteamericanos que pretendieron defender los intereses de EEUU mostrando clemencia hacia Bueso".

Posteriormente indicó al Times, "el Consejo de Seguridad Nacional -se me dijo que el teniente coronel Oliver North – reabrió el asunto".

Dos militares norteamericanos, el coronel Néstor Pino-María y el teniente general Robert Schwitzer testimoniaron en favor de Bueso en su juicio, mientras que el ex-jefe del comandante Sur del Ejército norteamericano general Paul Gorman, también hizo gestiones para obtener clemencia para Bueso.

Entre los condenados por su participación en el complot figuró el traficante de armas hondureño Gerard Litchinian, ex-socio de Max Gómez, un ex-agente de la CIA cubano -norteamericano, quien se encargó de la logística de la operación de reabastecimiento militar aéreo de los contras dirigida por North.

El supervisor de Bueso general Gustavo Álvarez, comandante de las Fuerzas Armadas hondureñas hasta marzo de 1984 y exiliado desde entonces en Miami, no fue procesado por este caso, aunque se insinuó en el mismo que "un alto militar" hondureño sería llamado a reemplazar a Suazo Córdova.

Álvarez y Bueso, firmes aliados de EEUU en su operación antisandinistas fueron depuestos de sus cargos por un movimiento de oficiales jóvenes en1984.

Bueso fue nombrado agregado militar en la Embajada hondureña en Chile, país donde permaneció detenido 8 meses después que EEUU pidiera su extradición.

Bueso se entregó voluntariamente en Miami a fines de 1985 y se declaró culpable en junio de 1986 de viajar para impulsar una conspiración para después desarticularla y congraciarse con Suazo Córdova. Funcionarios norteamericanos desechan esta teoría.

Por otra parte, los investigadores del escándalo Irán-contras se interrogaban sobre un importante arsenal de armas soviéticas descubierto recientemente en Honduras.

La cadena de televisión CBS reveló el domingo que Israel vendió en repetidas oportunidades armas de fabricación soviética capturadas a los palestinos durante la invasión del Líbano al Ejército hondureño, el cual a su vez las entregó a los contras nicaragüenses.

Los documentos han sido revisados por la comisión que está examinando las actividades del Consejo Nacional de Seguridad y han sido referidos al fiscal especial que está investigando el Irán-contra-gate.

Los documentos incluyeron referencias al caso como también las cartas en apoyo al general Bueso Rosa enviadas al presidente Reagan y al ministro de Justicia, Edwin Meese.

Según funcionarios del gobierno hondureño que conocen del material, los investigadores están tratando de determinar las circunstancias bajo las cuales fueron escritas las cartas por parte del presidente Azcona.

Presidente confirma que intercedió por el preso

El presidente José Azcona confirmó que pidió al gobierno norteamericano clemencia para el ex-jefe del Estado Mayor Conjunto de las Fuerzas Armadas, general José Abdenego Bueso Rosa, encarcelado en Estados Unidos bajo la acusación de conspirar contra el mandatario Roberto Suazo Córdova.

El gobernante hondureño según reveló ayer The New York Times, envió dos cartas a su colega norteamericano Ronald Reagan y al secretario de Justicia, Edwin Meese, documentos que son examinados por la comisión que investiga el "Irangate"

Los investigadores tratan de determinar qué vinculación tuvo el general Bueso Rosa con la entrega de ayuda a los contras, como parte del desvío de las ganancias de las ventas de armas a Irán.

El teniente coronel Oliver North, separado de su cargo en el Consejo de Seguridad Nacional tras el escándalo por esas operaciones también pidió clemencia para Bueso Rosa.

Los complotistas financiaron sus operaciones según informó el FBI, con la venta en Estados Unidos de más de 20 millones de dólares en cocaína.

Al respecto, Romero indicó que el general Bueso Rosa solamente está acusado del delito de conspiración y no del tráfico de drogas.

El vocero de la Casa de Gobierno estimó que "no hay motivo de escándalo" en este asunto y no se cree que hay consecuencias, "¿Por qué las habría"? Se preguntó.

"El presidente de Honduras es una persona muy ecuánime, de una conducta intachable, es gran defensor de la democracia. Respetuoso de los demás y también se da a respetar", manifestó Romero.

Consultado por qué no se informó previamente que el presidente Azcona escribió estas cartas a favor del general Bueso Rosa quien fue nombrado agregado militar en Chile.

La Tribuna / **24 de febrero de 1987**

Azcona pidió clemencia para Bueso Rosa, pero no exaltó sus virtudes

El presidente José Azcona Hoyo confirmó ayer que pidió a las autoridades norteamericanas "un trato justo e indulgente" para el ex jefe del Estado Mayor Conjunto de las Fuerzas Armadas general José Abdenego Bueso Rosa, acusado de intentar asesinar al ex presidente Roberto Suazo Córdova.

El periódico The New York Times publicó en su edición de ayer que Azcona y el artífice de la conexión "Irán-contras", teniente coronel Oliver North, pidieron al presidente Reagan un trato indulgente para Bueso Rosa, quien fue condenado a cinco años de prisión tras declararse culpable de conspiración.

El vocero presidencial, Marco Tulio Romero, dijo ayer que el mandatario hondureño en efecto solicitó clemencia para Bueso Rosa "por tratarse de un hondureño que se encuentra prisionero en otro país".

"Pedí indulgencia y un trato justo en el procedimiento legal para Bueso Rosa, lo cual no constituye ningún delito, sino que se trata de una preocupación por la suerte que podría tener un hondureño en el extranjero" dijo Azcona a través de su vocero.

Romero negó que el presidente Azcona haya exaltado la figura del ex jefe militar hondureño y dijo que tampoco aseguró que los Estados Unidos y Honduras "perderían a una gran figura si Bueso Rosa es enviado a prisión".

Igualmente, el vocero presidencial rechazó que la petición de Azcona esté relacionada con las actividades que desarrollaba el asistente del Consejo de Seguridad Oliver North, quien organizó la red clandestina para ayudar militarmente a los contras nicaragüenses.

Finalmente, Romero dijo que el presidente Azcona no pidió clemencia en favor de Bueso Rosa para vengarse de las acciones que el presidente Suazo Córdova promovió para evitar su llegada a la Presidencia de la República.

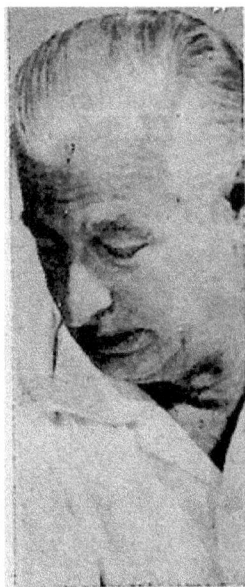

AZCONA HOYO

El Heraldo / **24 de febrero de 1987**

Por séptima vez se reúnen Azcona y Habib

El presidente José Azcona dialogó ayer por más de una hora con el enviado especial de la administración Reagan para América Central, Philip Habib, sobre la situación regional.

Al finalizar la reunión el super-embajador norteamericano se limitó a expresar que había dialogado ampliamente con el mandatario hondureño sobre la paz en Centroamérica.

Habib se negó a dar detalles sobre su entrevista con el gobernante, pero aseguró que el tema principal de su conversación no fue el futuro de los contras nicaragüenses.

"Mi misión es la paz" dijo Habib, tras reafirmar que en todas las oportunidades que se ha reunido con el presidente Azcona únicamente ha hablado sobre las posibilidades de buscar una solución pacífica al problema centroamericano.

La cita de ayer es el séptimo encuentro entre el gobernante hondureño y el embajador especial de la Casa Blanca para América Central.

PHILIP HABIB

La Tribuna / **24 de febrero de 1987**

Piensan interpelarlo:

Director del INA en la mira del Congreso

El director del Instituto Nacional Agrario (INA), Mario Espinal podría ser interpelado esta semana por el Congreso Nacional, manifestó ayer el vice-presidente del Poder Legislativo, Jacobo Hernández Cruz.

Dentro de los diputados y específicamente dentro de la bancada callejista, existe desde hace varios días el interés de que el ingeniero Espinal, llegue al Congreso a explicar cómo camina hasta ahora la reforma agraria.

El diputado Manuel Guerrero fue quien presentó una moción para que se invitara al director del INA al Congreso, pues creía que hasta ahora la labor de esa institución se ha estancado en contra del campesinado.

El criterio de Hernández Cruz es que "sería prudente" que el mandatario José Azcona cambiara del cargo a Mario Espinal pues de lo contrario los "impases" continuarán en esa dependencia.

Los diputados inclusive a nivel de junta directiva, hace algún tiempo quisieron llevar a Espinal hasta el Congreso, porque en declaraciones públicas ha dicho que los represents del pueblo "son unos desbocados".

Azcona ordena que cese la ola de despidos en el INA

El presidente José Azcona Hoyo ordenó ayer el cese inmediato de los despidos en el Instituto Nacional Agrario INA, para garantizar la estabilidad laboral de sus trabajadores y reactivar el proceso de Reforma Agraria.

Un vocero autorizado de la Casa de Gobierno dijo que la disposición del presidente Azcona tiene como propósito terminar con la zozobra e inestabilidad laboral que se había apoderado del INA casi desde el inicio de la presente administración.

"El presidente considera que la gente no trabaja tranquila ni rinde al máximo cuando teme que de un momento a otro le entreguen el fatídico sobre blanco", dijo informante.

Añadió que la disposición presidencial, hecha del conocimiento del director del INA, Mario Espinal Zelaya, establece que en el futuro debe consultarse con la Presidencia de la República cualquier acción de personal que promueva la intranquilidad en la institución.

El vocero señaló que la intención del presidente Azcona es reactivar cuanto antes el proceso de Reforma Agraria y que un primer paso en ese sentido lo constituye la decisión de garantizar la estabilidad laboral de los trabajadores del INA.

El informante aseguró que el mandatario ya no quiere tener problemas laborales en el INA y que si se produjo una reestructuración la misma se llevó a cabo para atender las exigencias de las centrales campesinas, pero que en lo sucesivo no se producirán más despidos de personal en el organismo agrario.

El Heraldo / **24 de febrero de 1987**

CGT apoya planteamiento de organizaciones campesinas

TEGUCIGALPA.- El Comité Ejecutivo de la Central General de Trabajadores (CGT) dio un total respaldo ayer al planteamiento presentado por algunas organizaciones campesinas al gobierno central, en el que exigen agilización en el proceso de reforma agraria, así como la destinación inmediata del directorio del Instituto Nacional Agrario, Mario Espinal.

Después de la reunión a nivel de Comité Ejecutivo, ciertos dirigentes de la Central Obrera informaron que además de decisión acordada se efectuaran una serie de entrevistas con representantes de las federaciones miembros para concretas las estrategias a seguir.

Marcial Caballero, secretario general adjunto de la Unión Nacional de Campesinos, la cual está afiliada a la GGT, anunció que lo acordado en la cita será elevado a nivel del Consejo Nacional Obrero Campesino de Honduras (CONOCH), organismo que sesionará hoy.

Manifestó que no tienen conocimiento de reunión alguna con el presidente José Azcona Hoyo para discutir el planteamiento que le enviarán los labriegos, pero dijo que según fuentes gubernamentales es posible que se entrevisten en el transcurso de la semana. (FG).

Azcona me apoya: Espinal

TEGUCIGALPA. El director ejecutivo del Instituto Nacional Agrario (INA), ingeniero Mario Espinal Zelaya, aseguró ayer que tiene el apoyo del presidente José Azcona Hoyo para continuar dirigiendo esa institución agraria, y que no existe rotura en las relaciones entre el campesinado hondureño y el gobierno.

El ingeniero Espinal dijo que desconoce si la Agencia Internacional para el desarrollo (AID) estaría interesada en su destitución del INA.

Indicó que entre los dirigentes campesinos debería haber unificación de criterios "en cuanto a la concepción que ellos tienen del plan de reforma agraria que nosotros estamos desarrollando; creemos que, si eso se realiza, vamos a salir adelante".

Al referirse a las demandas de tierra por las organizaciones campesinas, Espinal aseguró que la Unión Nacional de Campesinos (UNC), la Asociación Nacional de Campesinos de Honduras (ANACH) y la Federación de Cooperativas de la Reforma Agraria de Honduras (FECORAH), "casi no tienen solicitudes de tierras en el INA".

"Hay bastante tierra en poder de los campesinos que no está siendo trabajada, y cuando ellos manifiestan que no se les ha dado el crédito y la asistencia técnica, en algunos aspectos tienen razón, pero ya se está planteando toda la asistencia técnica y el financiamiento necesario para echar a producir a esos grupos campesinos", concluyó. (TDG).

MARIO ESPINAL

Tiempo / **25 de febrero de 1987**

Desplazados invitan a Azcona a visitar la "Nueva Nicaragua"

TEGUCIGALPA.- El Comité de Desplazados del Territorio Fronterizo de El Paraíso invitó al presidente José Azcona Hoyo a visitar la "Nueva Nicaragua" para que constate que no son "exageraciones" las denuncias sobre las consecuencias de la presencia contrarrevolucionaria en esa zona.

La organización, que agrupa quizás a más de 12.000 personas procedentes de 34 comunidades, pide al mandatario ayuda para reubicarse en una región donde puedan trabajar y no continuar dependiendo de la caridad pública.

"Nosotros, productores de café de la zona de Trojes, fronteriza con Nicaragua, hoy desplazados de nuestro propio terruño por la presencia de fuerzas irregulares que usted ya conoce, respetuosamente nos dirigimos a usted en calidad de Presidente de la República y en consecuencia pilar fundamental en defensa de nuestra integridad territorial" anota una carta enviada por la asociación el pasado lunes.

Dicen los directores de los desplazados que "preocupados por la opinión subjetiva e irreal que usted tiene como Presidente sobre la situación de los desplazados de la guerra, muchos de los cuales fueron votos a su favor, y quienes hoy nos encontramos en una situación desesperante como producto de una guerra que no es nuestra".

Luego le manifiestan su "desacuerdo con las declaraciones vertidas calificando exageradas las posiciones que mantiene sobre nuestro problema la Asociación Hondureña de Productores de Café (AHPROCAFE) a la cual estamos afiliados".

"Queremos expresarle que AHPROCAFE lo único que ha hecho es exponer el drama que vivimos los hondureños que hemos sido desplazados de nuestros hogares, abandonando aproximadamente 450 kilómetros de nuestro territorio, hoy conocido como la Nueva Nicaragua".

Los desplazados recuerdan al ingeniero Azcona que el café es el segundo rubro de exportación del país y que "sin embargo somos los que más producimos divisas al Estado".

En 1985 la producción bananera alcanzó 287.4 millones de dólares, de los cuales recibió 40.8 millones en divisas, mientras el café, producido por más de 50.000 familias, alcanzó 352.1 millones de lempiras y 44 millones en impuestos, precisaron.

"Sin embargo, debido al conflicto bélico en la frontera con Nicaragua, es que nosotros hemos tenido que salir de 36 poblaciones como Arenales, Español Grande, Capire, Las Vegas, Yamales, la Nueva Esperanza y otras", sostienen.

"Aparte, señor Presidente, para que no queden sombras de duda sobre nuestra real situación y magnitud del problema que afrontamos, lo invitamos a que se haga presente a la zona para que pueda comprobar lo que en defensa nuestra denuncia AHPROCAFE", anotan.

Advierten al Presidente que "debe intervenir resueltamente en este asunto que nos aqueja, para evitar consecuencias mayores y un éxodo masivo a oros departamentos, ya que la zona fronteriza está siendo utilizada por extranjeros, a quienes les corresponde luchar por conquistar territorio pero dentro de Nicaragua, su país, no en Honduras, como lo están haciendo actualmente, causando enorme daño a la economía nacional y particularmente a los que vivimos en esa zona que es legítimamente hondureña".

En calidad de primer magistrado de la nación, los desplazados demandan de Azcona Hoyo les "ayude a reubicarnos en otro lugar para volver a trabajar" y que "reconsidere el convenio con la AID".

Según la carta, en el convenio con la Agencia Internacional para el Desarrollo se acordó ayudarlos mediante un programa de trabajo comunitario a cambio de cuatro lempiras por ocho horas laboradas.

"Nadie se mantiene con cincuenta centavos, y el problema de la frontera no es culpa nuestra", concluyen apelando a la "sensibilidad" del presidente Azcona.

Tiempo / **25 de febrero de 1987**

Azcona viaja hoy a La Ceiba

El presidente José Azcona Hoyo viajará hoy a La Ceiba para supervisar las obras que están ejecutándose con financiamiento del Estado y entrevistarse con las fuerzas vivas para conocer las necesidades de esa ciudad.

Según se informó, el Presidente Azcona inspeccionará el inicio de los trabajos del muelle de cabotaje, proyectos de agua potable y de electrificación, los tramos carreteros de La Ceiba-Sava y Sava-Corosito, y la apertura de caminos vecinales.

El mandatario saldrá para La Ceiba a las 8 de la mañana y regresará hasta mañana en la tarde, y el viernes se reunirá con el Consejo de Ministros para continuar con las discusiones del Plan Nacional de Desarrollo. (TDG).

Tiempo / **25 de febrero de 1987**

AZCONA llegará hoy a La Ceiba

TEGUCIGALPA.- El presidente José Azcona Hoyo estará presente en La Ceiba donde permanecerán dos días en una gira de inspección a proyectos de infraestructura, se informó ayer en Casa de Gobierno.

El mandatario, oriundo de este puerto, viaja acompañado del gerente del Servicio Autónomo de Acueductos y Alcantarillados (SANAA), Luis Armando Moncada Gross, con quien revisará los estudios existentes para alcantarillado rural.

Azcona Hoyo se entrevistará también con las fuerzas vivas de la ciudad puerto para discutir la posibilidad de construir un muelle de cabotaje, un ansiado anhelo de los ceibeños, desde hace varios años.

En La Ceiba, se construyen proyectos carreteros como el de La Ceiba-Sabá-Olanchito, que también será supervisado por el mandatario, además de conocer los planes de energía eléctrica que beneficiarán a otras comunidades del departamento de Atlántida.

Azcona Hoyo regresará mañana en horas de la tarde y el viernes continuará discutiendo el Plan Nacional de Desarrollo con el Consejo de Ministros y que comprende entre otras cosas numerosos proyectos en distintas partes del país.

En el mes de mayo el presidente realizará una gira por el continente europeo visitando países como Italia, España e Israel, para entrevistarse con las principales autoridades civiles y militares.

En junio viajará a la ciudad de New Orleans, atendiendo invitación formulada por el alcalde Sidney Barthelemy que le visitó recientemente en Tegucigalpa.

La Prensa / 25 de febrero de 1987

Presidente Azcona promete más apoyo a ligas menores

TEGUCIGALPA.- Minutos antes de comenzar la sesión del lunes por la noche, el presidente de FENAFUTH, Rodrigo Castillo Aguilar, dijo que el presidente de la República, ingeniero José Simón Azcona Hoyo, prometió más apoyo a las ligas menores si fuésemos descalificados en el torneo U-16 de CONCACAF.

Castillo Aguilar señaló que el domingo había presenciado el juego Honduras-Costa Rica con el Presidente de la República en el palco de honor y cuando ya perdíamos tres por cero, el señor Presidente dijo: "hay que apoyar más a las ligas menores si Honduras es descalificada del torneo U-16. La base es el esfuerzo, pues las ligas menores, es una cantera de futbolistas".

"Las futuras selecciones deberán salir de centros pilotos y ese será el propósito de FENAFUTH, pues las experiencias así lo demuestran", agregó Rodrigo Castillo Aguilar.

Para concluir añadió que el ingeniero Azcona Hoyo, expresó: "Aunque sigamos perdiendo, hay que seguir apoyando a los menores y mi gobierno lo hará".

Rodrigo Castillo: "el presidente me dijo que se apoyaría más a las ligas menores".

Tiempo / **25 de febrero de 1987**

CORTE SUPREMA DE JUSTICIA

Sin Malicia

Cumplir con las altas responsabilidades que exige el país es una tarea no solamente delicada, sino que exige mucha dedicación, esfuerzo y patriotismo, y el trabajo es algunas veces tan agobiante que no viene mal y hasta son saludables los momentos de esparcimiento, como un pequeño alto en el camino. Al respecto, durante la ceremonia de despedida de una treintena de oficiales, el presidente José Azcona y el jefe de las Fuerzas Armadas, general Humberto Regalado, escucharon con deleite SIN MALICIA las baladas de un inspirado trío capitalino que asistió a los actos realizados en el Club de Oficiales de la Fuerza Aérea Hondureña.

La Tribuna / **25 de febrero de 1987**

Sostiene la CGT

Azcona no ha atendido con seriedad exigencia obrera

PLANTEAMIENTO DE LA CENTRAL GENERAL DE TRABAJADORES C.G.T. ANTE EL SEÑOR PRESIDENTE DE LA REPUBLICA INGENIERO JOSE SIMON AZCONA HOYO

Excelentísimo Sr. presidente:

La Central General de Trabajadores "C.G.T.", habiendo analizado profundamente la crisis socio-económica, política y cultural por la que transita la sociedad hondureña en sus instancias de primer grado, segundo y tercero, como lo son sus asambleas generales, congresos y eventos especiales realizados para tal fin, exponemos el planteamiento que persigue como una necesidad sentida por la clase trabajadora del campo y la ciudad, a la cual representamos, por lo cual urgimos de usted, señor presidente, muy respetuosamente ponga atención a lo que planteamos, y decidir ante las instancias necesarias las respuestas reales a las aspiraciones de los trabajadores:

1.-Exigimos ante usted el cumplimiento inmediato del documento presentado ante su excelencia y Gabinete de Gobierno denominado "PLANTEAMIENTO PARIOTICO", de fecha de 14 de febrero de 1986, el cual fue canalizado por el Consejo Nacional Obrero y Campesino de Honduras "CONOCH", del cual somos parte, considerando de que vuestra parte no ha sido tomada con seriedad y cuyo contenido ni siquiera ha tenido respuesta positiva alguna.

2.- Constituye ley en los anales de la legislación hondureña, la conquista obtenida por los trabajadores, el punto numérico siete del Acta de Compromiso firmada en la Fuerza Aérea Hondureña el 20 de mayo de 1985, la que dio por solventada la crisis institucional del país, lo que dio como resultado unas elecciones que como producto de ello su partido prosigue siendo gobierno y usted presidente de los hondureños, por lo tanto y como legítimo derecho exigimos la pronta puesta en marcha de ese punto siete al tenor y profundidad expresado en el Derecho N° 156-85 del 11 de septiembre de 1985.

3.- Retomamos como nuestro y con alto contenido solidario el planteamiento presentado ante usted por los compañeros de las organizaciones campesinas, el 18 de febrero de 1987, lo que para nosotros constituye prioridad uno, dado la crisis en que debaten los trabajadores del campo y sus familias.

4.- La crisis históricamente la pagamos los que menos tenemos, cuestión que es reñida con la justicia social, hace seis años no se revisan los salarios de los trabajadores que no están amparados en el derecho de contratación colectiva por tanto exigimos la inmediata revisión del salario mínimo, el que se encuentra en situaciones no adecuadas al alto costo de la vida.

5.-Exigimos el respeto irrestricto a la libre sindicalización y libre acción de reivindicación que se expresa en la contratación colectiva, fiel cumplimiento de los acuerdos internacionales suscritos por nuestro país ante la Oficina Internacional del Trabajo (OIT), así como la derogación del Decreto N° 180-86, en la que se excluye la contratación colectiva de los trabajadores de entes autónomos y semiautónomos y descentralizados del Estado.

6.-Exigimos la pronta reforma de la actual Ley del Seguro Social en el sentido de tener una mayor representación de los sectores que sostenemos esa institución como lo son los trabajadores y el sector empresarial.

7.- Exigimos del actual gobierno la inmediata estructuración y práctica real de una política de empleo, capaz de erradicar y resolver el grave problema que causa el desempleo en el marco de la crisis socio-económica en nuestro país, entre otros, exigimos la creación del Fondo Social de la Vivienda con una mayor participación de los trabajadores y sector empresarial como base de sustentación del mismo.

Por último, excelentísimo señor presidente, la Central General de Trabajadores "C.G.T". reafirma su vocación democrática en el marco anhelado de un mundo de paz y libertad, interpretados estos principios mediante la puesta en práctica de la justicia social

Atentamente,

COMITÉ EJECUTIVO DE LA C.G.T.
MARCO TULIO CRUZ VALLADARES
Secretario General
FRANCISCO SANCHEZ
Srio.de Seguridad Social

La Tribuna / 25 de febrero de 1987

Ley de Inversión Extranjera proponen diputados a Azcona

La Comisión de Economía, Industria y Comercio del Congreso Nacional planteó al presidente Azcona la necesidad de emitir una Ley de Inversión Extrajera que se acoja al espíritu y letra de la Constitución de la República, para evitar que transnacionales continúen desplazando a empresas hondureñas.

En una carta dirigida al mandatario y firmado por todos los diputados que integran la citada comisión y que preside Raúl Agüero Neda, señalan que ven con preocupación que en el país se estén instalando empresas transnacionales dedicadas a actividades industriales que ya están siendo atendidas por compañías nacionales.

"Estamos conscientes, señor presidente, subraya la carta, de la importancia que para su gobierno y nuestro país representan las nuevas inversiones, pero estas al ser extranjeras deben venir a complementar la inversión nacional y no a sustituirla, tal como lo establece el artículo 336 de la Constitución".

Asimismo, aludieron a la amenaza que enfrentan dos empresas hondureñas fabricantes de tubos PVC al pretender instalarse en el país una tercera planta de capital netamente extranjero.

"Si las dos empresas hondureñas fabricantes de tubos PVC están operando al 50 por ciento de su capacidad instalada autorizar una tercera planta significa un derroche de recursos y más aún un mal uso de escasas divisas disponibles", advirtieron los diputados.

La Tribuna / **25 de febrero de 1987**

Gerente de COHDEFOR asegura que cuenta con el respaldo de Azcona

El gerente de la Corporación Hondureña de Desarrollo Forestal COHDEFOR, José Segovia, aseguró ayer que cuenta con el respaldo del presidente José Azcona Hoyo para continuar al frente de sus responsabilidades, a pesar de las denuncias sobre corrupción formuladas en su contra.

"El presidente me ha ratificado su confianza y estamos platicando con él las posibles soluciones a los problemas de la institución", dijo Segovia al término de una reunión en el despacho del gobernante, en la que también estuvieron presentes los productores de madera.

"Puede ser que estén tratando de afectarme en lo personal o atacar el gobierno puesto que desde el pasado miércoles solicité una investigación y los auditores de COHDEFOR todavía no la llevan a cabo", explicó Segovia.

El Heraldo / 26 de febrero de 1987

Embajada sirvió de canal para las cartas de Azcona a favor de Bueso

El vocero de la embajada de los Estados Unidos, Michael O' Brien, reveló anoche que esa representación diplomática sirvió de canal para que el presidente de la República, José Azcona Hoyo, solicitará al mandatario norteamericano Ronald Reagan, clemencia a favor del general José A. Bueso, acusado en aquel país de complotarse para asesinar a Roberto Suazo Córdova en aquel entonces gobernante de Honduras.

En emisión radial O' Brien informó que esa gestión se realizó cuando fungía como embajador el destituido John Ferch. Sin embargo, el mencionado vocero dijo: desconocer el por qué no llegó a su destino una de las cartas enviadas por el mandatario a su similar de Estados Unidos, y se limitó a expresar que ambas fueron enviadas por la embajada al Departamento de Estado, a fin de hacerlas llegar a la Casa Blanca.

Cuando se le preguntó al funcionario si el presidente Azcona podrá obtener el perdón del general Bueso, respondió "eso está fuera de mi jurisdicción. El caso está en manos de la justicia americana y yo estoy seguro que la familia del detenido está haciendo los esfuerzos posibles en este caso".

Por otra parte, dijo que la aprobación de los 105 millones de dólares destinados para los "contras" en el presupuesto de 1988, será un debate reñido tanto en el Congreso, como en el Senado, pero adelantó que si los demócratas, con mayoría en ambas cámaras, no aprueban esta ayuda, el presidente norteamericano es seguro que vetará tal resolución.

El Heraldo / 26 de febrero de 1987

Porque recibe trato inhumano

Envié emisario a Washington para defender al general Bueso

LA CEIBA.- (Por Carlos Moya Posas).- El Presidente de la República, Ing, José Simón Azcona, defendió aquí su postura en relación con la petición de clemencia que elevara al gobierno norteamericano para lograr clemencia para el general José A. Bueso Rosa, ex-jefe del Estado Mayor Conjunto de las Fuerzas Armadas.

Al ser interrogado por este reportero sobre esa información surgida en esa nación americana respondió "es increíble, que sea motivo, vamos de un poco de censura o de alarma que un presidente de un país pida al presidente de otro país, clemencia para un ciudadano que está siendo juzgado en otra nación. Si mañana un sindicalista estuviera siendo juzgado en los Estados Unidos, en Francia o en cualquier parte pediría clemencia para él, el general Abdenego Bueso Rosa, es un hondureño que está siendo sometido, para mi forma de ver, injustamente, porque su esposa me entregó la certificación donde dice que el está exento de cualquier culpabilidad por los Tribunales de los Estados Unidos en tráfico de drogas y de todas esas cosas, por lo que se le está juzgando es por conspiración".

El hombre estaba en Chile, agregó, y cómo puede estar conspirando para asesinar un presidente en Honduras y, suponiendo que eso fuera, acotó, esas son cosas de tipo político y hay que perdonar las cuestiones de tipo político: por lo tanto, no solo pedí clemencia, sino que mandé un emisario a Washington para que siga abogando para que se le saque de la cárcel donde está detenido, que es una cárcel de alta seguridad donde está recibiendo un trato bastante inhumano".

POSICION CLARA

La postura de Honduras en la próxima reunión de presidentes en Esquipulas, Guatemala, va a ser clara, nosotros somos amantes de la paz y lo hemos dicho una y otra vez, queremos una salida política a la situación en Centroamérica, pero insistimos es en Managua, donde hay que ir a buscar el problema, afirmó el Ing. Azcona, al referirse a su viaje programado a ese país donde se ventilará la crisis centroamericana.

**El presidente, su hermano y designado presidencial,
visitaron varios proyectos en La Ceiba. (Foto Oscar Valladares).**

Luego, como reafirmando sus expresiones expresó que "si mañana los nicaragüenses se entienden unos y otros y los que tienen los rifles en contra del gobierno deponen las armas y ya se han entendido, allí terminará todo y ojalá así sea, porque nosotros los hondureños no le estamos disparando un tiro a nadie ni nos estamos disparando entre nosotros, aquí no hay guerra".

Enfatizó sobre su cita de los presidentes centroamericanos que "vamos a ir a esa cita con el espíritu abierto de que firmemos un convenio, pero lo más importante es que lo que se firme allí pueda ser revisado y pueda ser aplicado en Nicaragua, porque de nada serviría que nosotros firmáramos y entonces digan los contrarrevolucionarios nicaragüenses con nosotros no han contado, no han dialogado, no tenemos nada que ver en este asunto y entonces el pleito continúe dentro de Nicaragua que es en realidad donde hay que buscarle la solución al problema".

La Prensa / 26 de febrero de 1987

Más de un cuarto de millón en subsidios

LA CEIBA. (Carlos Moya Posas).- Una actividad verdaderamente agotadora tuvo el ciudadano presidente de le República Ing. José Azcona, en su visita a La Ceiba, el día de ayer.

El mandatario visitó el Banco Central de Honduras, la municipalidad, el proyecto del rompeolas, la construcción del puente del Higuerito y las obras de pavimentación de la carretera La Ceiba Juticalpa, Sabá-Corocito.

En cada uno de esos lugares fue acompañado por un regular número de personas y periodistas a los cuales cordialmente estrechaba su mano.

En el sitio que más permaneció fue en el Palacio Municipal donde se reunió con la comuna en plano y algunos representantes de las fuerzas vivas y de la Coordinadora de Desarrollo que aprovecharon para plantearle algunas necesidades.

Más de un cuarto millón de lempiras entregó colonias, aldeas, escuelas, instituciones y Comité-Pro Estadio. La Cámara de Comercio recibió una ayuda de quince mil lempiras para continuar los trabajos de su sede, los bomberos un subsidio de veinticinco mil lempiras para seguir el edificio de esta institución, el Comité Pro-Estadio, cincuenta mil lempiras, así como la Granja Penal que se favoreció con diez mil lempiras para una obra de ampliación, las demás organizaciones que recibieron ayuda también agradecieron al mandatario su desprendimiento y prometieron invertir bien esos fondos.

Durante su permanencia en el palacio municipal dijo que la pavimentación de la Avenida de Circunvalación será obra del gobierno, así como el camino de acceso hacia el Instituto Manuel Bonilla, que desde hace varios meses vienen reclamando los alumnos de este centro educativo oficial, la canalización de las aguas negras se iniciará prontamente en el barrio La Isla y se evacuarán las aguas lluvias de la Colonia El Sauce que inunda la ciudad.

Pidió al señor alcalde municipal Enrique Martínez que "apriete la mano" contra los morosos del tesoro municipal porque "no hay otra forma de impulsar el carro del progreso si los ciudadanos que viven en las comunidades y en el país, no tributan".

Azcona que se hizo acompañar del designado presidencial Jaime Rosenthal Oliva, también estuvo en el sitio donde se está levantando el rompeolas que por iniciativa del doctor Fernando Azcona, ya camina varios metros dentro del mar.

Allí, con las autoridades portuarias a su alrededor, prometió a sus paisanos que se continuaría la obra hasta llegar a los trecientos metros lineales para ver el comportamiento del mar y, sino sucedía nada negativo, la obra continuaría hasta su final.

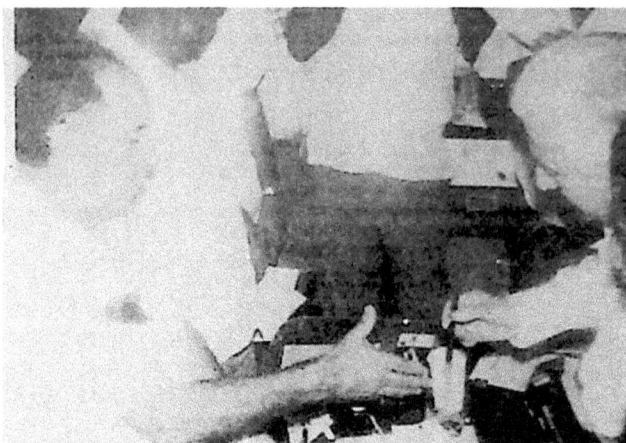

La Cámara de Comercio a través de su presidente, Miguel Kawas, recibió un donativo para su casa sede. (Foto Valladares).

La Prensa / **26 de febrero de 1987**

AZCONA DECIDIRA SI AUTORIZA O NO FUNCIONAMIENTO DE TRANSNACIONAL

El presidente José Azcona decidirá en los próximos días si autoriza o no la instalación en Honduras de una empresa transnacional fabricante de tubos PVC que vendría a desplazar a dos compañías hondureñas establecidas desde hace 10 años.

El permiso de operaciones de la transnacional Eter-tubo se encuentra en el despacho del mandatario, luego de que fue firmado por el ministro de Economía Reginaldo Panting en abierta violación al Artículo 336 de la Constitución de la República que establece que la inversión extranjera sea complementaria y no sustitutiva.

Desde hace seis meses, los ejecutivos de dos firmas nacionales fabricantes de tubos PVC vienen oponiéndose a la instalación de esa transnacional que vendrá a elaborar el mismo producto debido a que no existe mercado por la crisis que enfrenta la industria de la construcción.

Las dos empresas hondureñas que abastecen el mercado nacional de tubos de PVC están operando al 50 por ciento de su capacidad instalada y al autorizarse el funcionamiento de una nueva empresa de capital extranjero en ese campo tendrán que reducir aún más su producción.

Sin embargo, los empresarios que se oponen al funcionamiento de la transnacional Eter-tubo confían en que el presidente Azcona no firmará el permiso de operaciones porque mantiene una política de protección a la industria nacional y por ser un hombre respetuoso a las leyes del país.

La Tribuna **/ 26 de febrero de 1987**

Ante Azcona

Gasolineros se paran al abrirse nuevo expendio

LA CEIBA.- Al sólo tocar el avión presidencial que condujo al presidente José Azcona a La Ceiba, los miembros de la Asociación de Distribuidores de Productos Derivados del Petróleo, iniciaron un paro de labores a nivel departamental, dejando sin combustible a la industria bancaria, comercio y pueblo en general, ya que no hubo ningún preaviso.

La acción de los dueños de gasolineras tiene su origen en la determinación de la dirección general de transporte de otorgar permiso de instalación de una nueva estación gasolinera a doña Josefina Ocampo, dentro del radio prohibido, según ellos, por el reglamento.

Alegan los propietarios de estaciones de servicio que, si se mantiene la posición de ejecutivo en otorgar ese permiso, la próxima acción de la asociación será un paro a nivel nacional.

El ciudadano Presidente de la República, accedería a las cuatro de la tarde a recibir a los representantes de la ADIPEH, para dialogar sobre el particular y que se suspendiera la determinación que contrario a todo este amplio sector de la nación.

La obra de construcción está localizada en un triángulo que da acceso a La Ceiba y hacia el Bajo Aguán, quedando próximas las gasolineras de "El Sauce" y "Santa Martha".

Gasolinera El Sauce. – (Foto Valladares).

La Prensa **/ 26 de febrero de 1987**

Azcona manda emisario para gestionar libertad de Bueso R.

El presidente José Azcona anunció ayer en la ciudad de La Ceiba que enviará un emisario a Washington para que gestioné la libertad del general José Abdenego Bueso Rosa, quien guarda prisión en una cárcel de Florida, Estados Unidos.

El general Bueso Rosa cumple una condena de cinco años por el delito de conspiración contra el ex-presidente Roberto Suazo Córdova y cuyos planes fueron descubiertos por el FBI en noviembre de 1984.

"Es increíble, dijo el mandatario, que sea motivo de censura o de alarma que un presidente de un país pida al presidente de otro país clemencia para un ciudadano que está siendo juzgado en ese país".

Agregó que, si mañana un sindicalista estuviera siendo juzgado en Estados Unidos, Francia o en cualquier parte, pediría clemencia por él.

"El general Bueso Rosa es un hondureño que para mí está siendo sometido injustamente porque su esposa me entregó una certificación donde dice que él está exento de cualquier culpabilidad por el cargo de tráfico de drogas y que se le ésta juzgando por conspiración", indicó.

Azcona comentó que el general Bueso Rosa estaba en Chile cuando se conoció esa acusación de que estaba conspirando para asesinar al ex-presidente Suazo Córdova.

"Si él estaba en Chile, cómo es que estaba conspirando para asesinar a un presidente en Honduras y suponiendo que eso fuera cierto, es una cosa política que hay que perdonarla".

"Por tanto, no solo pedí clemencia por él, sino que estoy enviando un emisario a Washington para que siga abogando para que se le saque de la cárcel donde ésta detenido, que es una cárcel de alta seguridad donde recibe un trato bastante inhumano", apuntó.

Según las autoridades norteamericanas, el general Bueso Rosa se declaró culpable del delito de conspiración y fue condenado a 5 años de prisión.

JOSE A. BUESO ROSA

La Tribuna / **26 de febrero de 1987**

CUARTO MILLÓN DISTRIBUYE MANDATARIO EN LA CEIBA

LA CEIBA. El presidente José Azcona entregó ayer subsidios por un valor aproximado de un cuarto de millón de lempiras a varias instituciones sociales, para la ejecución de proyectos de beneficio comunal.

Lo acompañaron el designado presidencial Jaime Rosenthal Oliva, el jefe de seguridad de Casa Presidencial, coronel Rafael Castro Arita, el gerente del SANAA, Luis Moncada Gross y en representación de la Empresa Nacional Portuaria, Eduardo Torres.

Los subsidios fueron otorgados en la municipalidad de La Ceiba de la siguiente manera: a la Cámara Junior, 50 mil lempiras; Comité Pro-Construcción del Estadio ceibeño, Cámara de Comercio, 15 mil lempiras, para la construcción de su sede; Comité Pro-construcción del edificio del Cuerpo de Bomberos, 25 mil y para mejoras en la granja penal, 10 mil lempiras.

Los restantes subsidios hechos con el aporte de la Empresa Nacional de Energía Eléctrica y la Presidencia de la República los recibió el alcalde Enrique Martínez y serán destinados a proyectos de electrificación y agua potable, a través de los patronatos en varias colonias y aldeas circunvecinas.

Posteriormente, Azcona y su comitiva visitaron el Proyecto del Rompe-Olas a fin de inspeccionar los trabajos iniciados el año pasado y que estaban paralizados. El mandatario prometió continuarlos.

*El presidente José Azcona en su recorrido por las calles de su ciudad natal, La Ceiba, para conocer la ejecución de proyectos de desarrollo comunal.

La Tribuna / **26 de febrero de 1987**

Pésima política agraria de Azcona, ratifica el CONOCH

Excelentísimo
Señor presidente de la
República de Honduras
Ingeniero
JOSE SIMON AZCONA HOYO
Casa de Gobierno

Respetable señor presidente:

El Consejo Nacional Obrero Campesino de Honduras "CONOCH", reunido en la ciudad capital, el día 25 de febrero de 1987, viene ante usted a plantearle aspectos fundamentales de la crisis social y económica que atraviesa Honduras y que afecta grave y directa e infelizmente a la clase trabajadora del campo y la ciudad y pueblo hondureño en general.

1.- Enérgicamente el Consejo Nacional Obrero Campesino "CONOCH" exige a usted poner sus buenos oficios como gobernante de los hondureños, a fin de solventar la crisis agraria en que se debate el sector campesino organizado, respecto al congelamiento de las políticas de Reforma Agraria y su pésimo rol que ésta jugando en este momento crucial.

2.- El "CONOCH" asume con responsabilidad el documento que han planteado ante usted las organizaciones campesinas el 18 de febrero. Además, las posiciones de la Central General de Trabajadores CGT, en su planteamiento del 25 de febrero del presente mes.

3.- Los mecanismos sucios empleados por el director ejecutivo del INA, ingeniero Mario Espinal y sub-director Carlos Tejada, con la intención de dividir y manipular nuestras organizaciones, acrecientan nuestro repudio y por lo tanto enérgicamente y sin lugar a ninguna componenda reafirmamos la posición de las organizaciones campesinas, en cuanto a la destitución de estos funcionarios, los cuales están causando mucho daño a su gobierno, a las organizaciones campesinas y a la institución que rectora.

4.- Los contenidos de los documentos antes mencionados en el numeral 2 del presente documento deben ser definidos de inmediato como puntos fundamentales para la solución de la crisis que abate a la clase trabajadora en su globalidad.

5.- EL CONOCH también exige la pronta aprobación de la Ley de Cooperativas de Honduras, con la creación del Instituto Hondureño de Desarrollo Cooperativo "IHDECOOP", que impulse el desarrollo moderno del cooperativismo hondureño y fortalecer la economía social del país.

6.- Recalcamos ante usted, señor presidente, que no se trata de interrumpir su gobierno ni mucho menos el proceso democrático, al contrario, somos fieles defensores de este proceso porque creemos en la democracia, pero está comprendida dentro de un marco de paz, producto de la justicia social y ejercicio de los derechos humanos.

7.- Por último, señor presidente le excitamos al diálogo franco y decisorio a fin de resolver clara y llanamente los problemas socio-económicos, lo cual el pueblo y los trabajadores reconocerán.

Por la CGT, Marco Tulio Cruz, Oscar Escalante, Julio Chávez Paz; por la UNC, Víctor Inocencio Peralta, Marcial Caballero; por FEHMUC, Alba Alicia Gonzáles; por FECORAH, Nelly Ramírez, Benjamín Garmendia; por ACAN, Faustino Rodríguez, Inés Fuentes; por ALCONH, Benjamín Castro, Hernán Medina, Paulo Montoya; por CHC, Hugo Samuel Reyes; por CONOCH, Felícito Ávila Ordoñez.

La Tribuna / **26 de febrero de 1987**

Aún no revelan nombre de emisario de Azcona

TEGUCIGALPA. El presidente José Azcona Hoyo todavía no ha revelado el nombre de la persona que enviará como emisario a Washington para que abogue por la libertad del general José Abdenego Bueso

Rosa, quien se encuentra preso en los Estados Unidos acusado de conspirar contra el ex-presidente Roberto Suazo Córdova.

El jefe de información de la Casa Presidencial, Marco Tulio Romero, dijo que el presidente Azcona reafirmó ayer que enviará un emisario a Washington, pero se abstuvo de revelar el nombre de la persona.

El vocero de la casa presidencial expresó que no se explica por qué se ha hecho "tanta alharaca" porque el presidente Azcona haya solicitado a la administración Reagan clemencia para el general Bueso Rosa, "quien para bien o mal ha servido al país".

Aseguró que la conspiración para asesinar a Suazo Córdova "jamás existió, sino que fue utilizada como una maniobra política para levantar la imagen de un presidente que tenía el rechazo del pueblo hondureño".

Señaló que, si hubiera existido un complot para asesinarlo, "Suazo Córdova no estuviera viviendo en una absoluta tranquilidad en La Paz".

Dijo, además que Azcona no tiene nada contra el doctor Suazo y "prueba de ello es que el presidente Azcona terminará el estadio de La Paz y varios proyectos carreteros que Suazo Córdova dejó inconclusos, creyendo quizás que iba a gobernar un segundo período".

Romero criticó también a Suazo Córdova porque está de acuerdo que un militar hondureño, con quien mantuvo excelentes relaciones, esté guardando prisión en los Estados Unidos. "El ex-presidente Suazo era tal su fanatismo militar que dejaba de asistir a los actos civiles por los militares, y llegó a extremo de vestirse de fatiga militar y hacer el saludo como militar", agregó. (TDG).

Tiempo / 27 de febrero de 1987

Una solicitud de perdón asombrosa e inaudita

26 de febrero de 1987

Señor
Manuel Gamero
Director
Diario TIEMPO
Ciudad.

Estimado señor:

Me refiero al editorial del jueves 26 de febrero de 1987 titulado "Una solicitud de perdón, asombrosa e inaudita", correspondiente a su edición N° 6037.

Quisiera expresar mi total desacuerdo con este editorial.

Considero que el complot contra la vida del doctor Roberto Suazo Córdova únicamente existió en la mente de algunas personas y que toda la trama fue más bien el resultante de las ideas introducidas en el grupo acusado por informantes.

Yo creo que la solicitud de clemencia suscrita por el Presidente Azcona es una actitud de buena fe del Presidente de los hondureños para un compatriota caído en desgracia. Cualquier persona que haga lo mismo debe ser felicitada porque demuestra la buena fe y las sanas intenciones del Presidente de luchar por la concordia y el bienestar de todos los hondureños.

Pienso que el acto del Presidente muestra un buen corazón y la sana intención de un Mandatario que tampoco permite los desaparecidos, las venganzas y los castigos injustos cuando no se ha comprobado culpabilidad y sin embargo, usa la Ley con prudencia para no permitir desafueros de ningún grupo o sector.

Dejo constancia de que, si a mí me hubiera tocado firmar esta solicitud de clemencia, también lo hubiera hecho, pues demuestra que el Presidente desea que todos los hondureños puedan vivir en paz y libertad, haciendo uso de todas las prerrogativas que nos conceden las leyes.

Le saluda muy atentamente,

JAIME ROSENTHAL OLIVA

Tiempo / **27 de febrero de 1987**

Consecuencias negativas provocaría reducción de tasas de interés: BCH

Así lo comunicó el Directorio al presidente Azcona

El Directorio del Banco Central de Honduras envió un documento al presidente José Azcona en el cual expone las consecuencias negativas que tendría en la economía nacional una reducción en la estructura actual de las tasas de interés bancario.

Según las consideraciones, el sistema de restricciones a las transacciones internacionales vigentes ha provocado, juntamente con el financiamiento del déficit del sector público por parte de esa institución, un exceso de liquidez en la economía nacional.

Agrega que, en condiciones normales, ese exceso de liquidez induciría a una baja en las tasas del interés y desembocaría en una mayor demanda de financiamiento bancario por parte del sector privado, lo que a su vez incidiría en requerimientos adicionales de divisas para el normal desenvolvimiento de la actividad económica en general.

Pero el documento señala que en los actuales momentos resultaría una política inconsistente por parte del Banco Central atender solicitudes de reducciones significativas en las tasas de interés, en vista del estímulo que se provocaría en la demanda de fondos consiguientes sobre la disponibilidad de divisas que la institución no está en capacidad de satisfacer en virtud de serios problemas de pagos externos que está enfrentando el país.

Asimismo, explica que la disminución que han experimentado las tasas de interés en los mercados financieros internacionales y la estructura de tasas de interés mantenida por las autoridades del país determinan cierta situación que coloca la economía en una posición de ventaja respecto al exterior, por lo que una reducción podría además desalentar posibles ingresos de capital e incentivar alguna salida adicional de los mismos.

Tasas de interés razonables, lo cual desalienta la salida de fondos al exterior.

PREFERENCIAS

Debe aclararse, añaden, que dentro de la estructura de tasas de interés vigente se da un tratamiento preferente al financiamiento de aquellas actividades consideradas como prioritarias para la economía nacional, especialmente las relacionadas con la producción de granos básicos.

Una evidencia de lo anteriormente expuesto son los recursos otorgados y las tasas de interés preferenciales que el Banco Central ha aplicado al Banco Nacional de Desarrollo Agrícola (BANADESA) y demás bancos comerciales para los fines señalados.

En igual forma apunta el documento, puede interpretarse la acción del Directorio al haber aprobado en años pasados la readecuación de la deuda que BANADESA tenía con el Banco Central por un monto aproximado de 110 millones de lempiras, transacción que fue acordada a un plazo de 15 años y a una tasa de interés del 1 por ciento.

El BCH subrayó que las tasas de interés fijadas por el Banco Central en conexión con programas de financiamiento provenientes de organismos internacionales como la Agencia para el Desarrollo Internacional (AID), el Banco Mundial y el Banco Interamericano de Desarrollo (BID) obedecen a lineamientos establecidos por ellos.

Esos organismos, se explicó, condicionan el otorgamiento de los préstamos al seguimiento de determinadas políticas y, por consiguiente, cualquier modificación que se intente efectuar de las condiciones originalmente convenidas deberán ser previamente consultadas y acordadas con dichas instituciones financieras.

Finalmente, el Directorio del BCH expresó que la actual política de tasas de interés es consistente con el objetivo de la estabilidad anunciada por el presente gobierno, ya que en alguna medida posibilita inducir un financiamiento no inflacionario del déficit fiscal y moderar la expansión del crédito al sector privado con efectos menos desfavorables sobre el nivel de precios internos y sobre la situación de pagos internacionales.

GONZALO CARIAS

La Tribuna / **27 de febrero de 1987**

Gasolineros suspenden paro para dialogar con Azcona H

LA CEIBA.- Suspender la paralización de actividades en sus gasolineras que habían acordado el miércoles anterior a las ocho de la mañana con treinta minutos, determinaron los integrantes de la Asociación de Distribuidores de Productos Derivados del Petróleo, ADIPEH, ese mismo miércoles en horas de la noche luego de haber sido recibidos por el ciudadano Presidente de la República, Ing. José Simón Azcona del Hoyo, que se encontraba en su ciudad natal.

El mandatario explicó a los gasolineros que intervendría para buscarle solución al problema sólo si ellos (los gasolineros) suspendían el paro "yo no negocio bajo presión".

La reunión tuvo lugar en una residencia del sector de Mazapán, zona de la Standard Fruit Co., donde pernoctó el mandatario luego de cumplir una agotadora jornada de trabajo en este puerto.

Los dueños de estaciones de gasolina se oponen, tal y como lo informara en su oportunidad este rotativo al otorgamiento de un permiso para una nueva proveedora de productos del petróleo que piensa instalar la señora Josefina Ocampo y que está en la salida hacia el Bajo Aguán.

Argumentan los quejosos, que sin previo aviso dejaron sin el servicio a todo este departamento, como medida coercitiva para lograr que, la Dirección General de Transporte deje sin valor ni efecto el permiso que ya otorgó a la citada señora de Ocampo. La razón, que está a menos de la distancia que estipulan los reglamentos de la Asociación para establecer otra gasolinera y también, según ellos, que con las nueve distribuidoras existentes no hay necesidad de una más.

Las pláticas entre el mandatario y los directivos de la ADIPEH continuarán más adelante.

La Prensa / **27 de febrero de 1987**

CONTRACORRIENTE

Juan Ramón Martínez

LA PETICION DE AZCONA

Confieso que me ha impresionado favorablemente el hecho que el presidente Azcona haya reconocido que pidió clemencia para Bueso Rosa. Frecuentemente los funcionarios públicos viven diciendo tantas mentiras que les cuesta reconocer donde se encuentra la frontera de la verdad.

Pero también me ha descorazonado reconocer que el presidente de la República, olvidando su alta investidura, firma la primera cosa que le ponen ante sus ojos. No creo que Azcona no haya valorado los efectos políticos que tendría el hecho de escribir una carta pidiendo clemencia a las autoridades estadounidenses en favor del general Bueso Rosa. Tampoco creo que Azcona haya olvidado que en Estados Unidos rige una firme división de poderes y que una acción ante Reagan no tendría necesariamente, efectos con el Poder Judicial de la nación norteña. Pero si las dos situaciones planteadas no son admisibles, las únicas explicaciones para entender la conducta de Azcona irían desde la identificación del tipo de fuerzas que le solicitaron la firma de la carta de clemencia, hasta el reconocimiento que el primer mandatario del país ejerce el cargo con ingenuidad y poco juicio.

En este artículo no estoy juzgando la conducta del general Bueso Rosa. No tengo elementos de juicio para creer las acusaciones que el propio FBI le ha incoado en un Tribunal de los Estados Unidos. Lo que estamos analizando es si un presidente de la República tiene la irresponsabilidad de ejercer actos destinados a tener efectos en naciones con las que tenemos relaciones, sólo confiando en que el silencio le garantiza total impunidad. Yo creo que no. Un presidente serio, como siempre he creído que es el Ing. Azcona, no puede andar firmando notas en favor de hondureños acusados en tribunales del exterior sin antes verificar que tal decisión coloca al presidente solicitante como el líder de una sociedad donde los jueces carecen de independencia y en consecuencia están expuestos a los caprichos y deseos de los hombres de poder.

Ahora bien, a estas alturas del análisis, es importante preguntarse si acaso la decisión del Ing. Azcona al escribir y firmar la solicitud de clemencia a que nos estamos refiriendo, no fue acaso resultado de las presiones de algunos grupos militares a los cuales el presidente de la República les debe algunos favores o les tiene en alta estima y consideración. Esta posibilidad es creíble altamente. Porque imaginar que Azcona hizo lo que hizo en un acto de venganza en contra de Suazo Córdova pondría a la Presidencia de la República casi en los mismos niveles de indignidad a que nos sometió el líder paceño hace un poco más de un año.

Definitivamente, más bien me parece que la acción de Azcona es típica de un hombre ingenuo, sin mayor perspicacia política y de una gran ignorancia de cómo es el funcionamiento del sistema judicial de los Estados Unidos.

De otra manera nadie en su sano juicio habría hecho lo que hizo el Ing. Azcona. Y no porque se quisiera hacer el bien cumpliendo con un amigo que está en dificultades; sino porque los actos de un presidente de la República deben estar dictados por consideraciones políticas básicamente y por el reconocimiento que cualquier cosa que haga o deja de hacer, afecta positiva o negativamente a la imagen y la confiabilidad de la sociedad que representa.

Lo que nos resta es rogar que los asesores que rodean al Ing. Azcona le apoyen solícitamente, en forma más continua que lo han hecho hasta ahora, para evitar que actos posiblemente dictados con la mejor buena intención como el que comentamos, no aumente el desprestigio que ya cargamos los hondureños y no profundice las debilidades que ofrece la Presidencia de la República.

Y Azcona debe pensar antes de firmar, porque lo contrario un día de estos va a escribir notas solicitando clemencia por algún narcotraficante hondureño que haya caído en manos de la justicia estadounidense. Y entonces sí que nos llevaría el diablo a todos.

La Tribuna / 27 de febrero de 1987

Afirma Azcona Hoyo:

La "Rosario" tiene derecho a irse

- **_El Presidente cree que el gerente de COHDEFOR es un hombre "trabajador y extraordinariamente honesto"._**

LA CEIBA, ATLANTIDA. (Por Julio César Rodríguez). El presidente José Azcona defendió una vez más al gerente de la COHDEFOR, José Segovia, de las acusaciones de que es objeto a la vez que lo catalogó como "un hombre trabajador y extraordinariamente honesto."

Asimismo, lamentó la decisión que han adoptado los ejecutivos de la transnacional Rosario Resources Corporation de cerrar operaciones definitivamente en este país, reconoció que es un derecho que le asiste a cualquier empresa, que deja de percibir beneficios.

Refiriéndose al escándalo de la Corporación Hondureña de Desarrollo Forestal (COHDEFOR), el presidente dijo sentirse triste por lo que pasa en esa dependencia. "Me molesta que haya salido internamente esa denuncia del organismo estatal, el gerente es un gran trabajador y extraordinariamente honesto".

Reconoció que de lo denunciado hay un "poquito" de verdad, y que de repente ese escándalo que ha surgido de adentro de la COHDEFOR va a servir para que "Segovia ponga su renuncia al puesto; lo que pasó fue que los vecinos de la aldea Ojo de Agua le pidieron que arreglara un camino y desgraciadamente entre los caminos arreglaron un pedacito que es la entrada de su hacienda".

Sobre el cierre de operaciones de la compañía minera de El Mochito, expresó que será doloroso para Honduras "si en definitiva ellos deciden hacerlo, el gobierno no puede prohibirles que lo hagan".

La minera alega que está perdiendo muchos millones de lempiras anualmente y que por no serle rentable mejor se van, "ese es un derecho que le asiste a cualquier empresa que deja de percibir beneficios en la explotación de cualquier rubro y puede ser que mejoren los precios de los metales, y tarde o temprano tiene que ser rentable", concluyó.

Azcona Hoyo

El Heraldo **/27 de febrero de 1987**

Documento del BCH a Azcona del Hoyo

Resultaría una política inconsistente del gobierno reducir tasa de interés

TEGUCIGALPA.- El documento oficial que comprende la posición del Banco Central de Honduras sobre la reducción de las tasas del interés bancario y que fuera enviado al presidente José Azcona Hoyo, fue conocido ayer.

En su oportunidad el mandatario dijo que habría que tener "mucho cuidado" al aplicar una medida de esta naturaleza. A continuación, el texto de la posición del organismo que rectora la política monetaria del país.

CONSIDERACIONES DE LA ACTUAL POLITICA DE TASAS DE INTERES

1. En la determinación de interés las autoridades monetarias del país han partido de que las mismas deben ser el reflejo de las condiciones financieras prevalecientes tanto interno como externos, dentro de este contexto podrían manifestarse que si bien es cierto que las tasas de interés en los mercados financieros internacionales han observado bajas significativas en los último meses, los flujos de capital en el país se han visto disminuidos en parte por la contradicción de las operaciones crediticias de la banca internacional a los países en desarrollo y por la situación de incertidumbre que presenta el área centroamericana, elementos que configuran una mayor presión por recursos financieros internos.

2. Por otra parte, el sistema de restricciones a las transacciones internacionales vigentes ha provocado juntamente con el financiamiento del déficit del sector público por parte del Banco Central, un exceso de iliquidez en la economía nacional. En condiciones normales este exceso de iliquidez induciría una baja en las tasas de interés y desembocaría en una mayor demanda de financiamiento bancario por parte del sector privado lo que a su vez, incidiría en requerimientos adicionales de divisas para el normal desenvolvimiento de la actividad económica en general.

En los actuales momentos resultaría una política inconsistente por parte del Banco Central atender solicitudes de reducciones significativas en las tasas de interés, en vista de estímulo que se provocaría en la demanda de fondos prestables con los efectos consiguientes sobre la disponibilidad de divisas y que el Banco Central no está en capacidad de satisfacer, en virtud de serios problemas de pagos extraños que está enfrentando el país.

3.- La disminución que han enfrentado las tasas de interés en los mercados financieros internacionales y la estructura de tasas de interés mantenidas por las autoridades del país, determinan cierta situación que coloca la economía en una posición de ventaja, respecto al exterior, por lo que una reducción de dichas tasas podría además desalentar posibles ingresos de capital, incentivar alguna salida adicional de los mismos.

La actual política de tasas de interés posibilita el sistema bancario nacional, continuar sus esfuerzos de captar sus recursos internos y ofrecer a los ahorristas tasas de interés razonables lo que a su vez tiende a restar atractivo a la salida de fondos al exterior.

4.- Debe aclarar que, dentro de la estructura de tasas de interés vigente, se da un tratamiento preferente al financiamiento de aquellas actividades consideradas como prioritarias para la economía nacional, especialmente las relaciones con la producción de granos básicos.

Una evidencia de lo antes expuesto, son los recursos otorgados y las tasas de interés preferenciales que el Banco Central de Honduras ha aplicado al Banco Nacional de Desarrollo Agrícola (BANADESA), y demás bancos comerciales para los fines señalados.

En igual forma puede interpretarse la acción del directorio al haber aprobado en años pasados, la readecuación de la deuda que BANADESA tenía con el BCH aproximadamente 110 millones, transacción que fue acordada a un plazo de 15 años y a una tasa de interés del 1 por ciento.

5.- Las tasas de interés fijadas por el Banco Central en conexión con programas de financiamiento con recursos prominente de organismos internacionales como la AID, el Banco Mundial y el BID, obedecen a lineamientos establecidos por ellos que condicionan el otorgamiento de préstamos al seguimiento de determinadas políticas y por consiguiente, cualquier modificación que se intente efectuar en las condiciones originalmente convenidas, deberán ser previamente consultadas y acordadas con dichas instituciones financieras.

6.- Debe destacarse, asimismo, que la actual política de las tasas de interés es consistente con el objetivo de la estabilidad anunciada por el presente gobierno, ya que en alguna medida posibilita inducir un financiamiento no inflacionario del déficit fiscal y moderar la extensión del crédito al sector privado con efectos menores desfavorables, sobre el nivel de precios internos y sobre la situación de pagos internacionales del país.

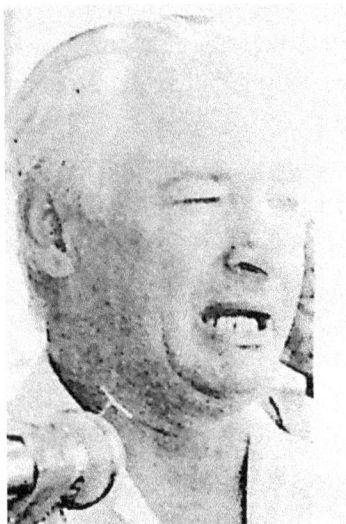

José Azcona Hoyo

Gonzalo Carías Pineda

La Prensa / **27 de febrero de 1987**

Azcona espera recomendaciones de la tripartita sobre crisis minera

TEGUCIGALPA. Los Miembros del Consejo de Ministros se reunieron ayer en la tarde en la casa presidencial para continuar el análisis y discusión del Plan Nacional de Desarrollo, después de recibir los comentarios y observaciones sobre el mismo de las diferentes instituciones del gobierno.

El Plan Nacional de Desarrollo, luego de su aprobación por el Consejo de Ministros, será sometido a la consideración de las empresas privadas, del Consejo Nacional de Planificación (CONAPLAN) y de otras organizaciones importantes del país, dijo el titular de la Secretaría de Planificación, Coordinación y Presupuesto (SECPLAN).

Una vez que se logre el apoyo total de los diferentes sectores del país, el plan nacional de desarrollo será sometido al Congreso Nacional para su aprobación, agregó el funcionario. (TDG).

Tiempo / **28 de febrero de 1987**

Azcona conoce problemas por los que atraviesa Yoro

TEGUCIGALPA.- Representantes de las Fuerzas Vivas de Yoro, Yoro, se presentaron ayer a la Casa Presidencial para exponer los problemas que atraviesa el Hospital Manuel de Jesús Subirana, que por falta del fluido electrónico y equipos ha suspendido sus servicios médicos.

Los problemas de dicho hospital fueron expuestos al ministro asesor del Presidente de la República, abogado Carlos Falck, quien prometió gestionar con el presidente José Azcona Hoyo la ayuda necesaria para rehabilitar ese centro de salud.

La presidenta de la seccional 9 del Sindicato de Trabajadores de la Medicina, Hospitales y Similares (SITRAMEDHYS), Norma Cecilia de Chávez, dijo que la falta de fluido eléctrico entorpece las actividades para brindar los servicios médicos, por lo que urge que la Empresa Nacional de Energía Eléctrica (ENEE) resuelva ese problema.

Asimismo, señaló que desde octubre de 1985 en el Hospital Subirana se encuentra sin funcionar la máquina de Rayos X, y que el Ministro de Salud no ha cumplido su promesa de proporcionar 50 mil lempiras para la adquisición de un nuevo equipo.

Además de otra serie de equipos que se encuentran inservibles, Norma Cecilia expresó que se necesitan con urgencia médicos especialistas, "pues tenemos conocimientos que para este hospital están asignadas algunas plazas para médicos especialistas, pero existe cierta indisposición para que dicho personal se desplace hasta estos sectores".

Finalmente, dijo que desde hace 10 días los trabajadores del Hospital Manuel de Jesús Subirana se encuentran en huelga como medida de presión para que el gobierno satisfaga las demandas plateadas, y que sólo se están atendiendo los casos de emergencia, (TDG).

Tiempo / 27 de febrero de 1987

(Fin al "paracaidismo" y "mordidas")

PRH demanda reducción del gasto público al gobierno de Azcona Hoyo

SAN PEDRO SULA.- La reducción del gasto público y la solución política al conflicto centroamericano, fueron demandadas ayer al presidente Simón Azcona Hoyo en un comunicado del Comité Ejecutivo Nacional del Partido Revolucionario Hondureño (PRH).

Al demandar apoyo más eficiente a los sectores productivos del país, el PRH reitera la necesidad de que se mantenga y fortalezca el clima de seguridad individual y colectiva en Honduras al tiempo que reclama que cesen los despidos por sectarismos políticos y que se garanticen las leyes relativas al trabajo.

También el PRH considera imperativo impulsar el proceso de reforma agraria y la reducción del gasto público, porque "en un país atrasado y pobre como el nuestro, es inconcebible que haya funcionarios que devenguen grandes salarios, tengan partidas confidenciales, viáticos y gastos de representación onerosos para el pueblo".

Indicando que deben hacerse los ajustes necesarios para que ningún funcionario público devengue un salario superior a los cinco mil lempiras, reclama que debe lucharse por erradicar los vicios tradicionales como el "paracaidismo" y las "mordidas" en todos los negocios que hace el sector público.

También condena la actitud de los políticos que lograron la reforma de la Ley Electoral y de las Organizaciones Políticas, en cuanto se refiere al número de afiliados requeridos para constituir un nuevo partido, el que inicialmente era de diez mil y ahora de 20 mil electores.

La Prensa / 2 de marzo de 1987

Azcona envía emisario para que abogue por A. Bueso Rosa

- *No debe ser motivo de alarma mi petición*

TEGUCIGALPA. El presidente José Azcona Hoyo anunció ayer que no sólo se contentará con pedir clemencia para el general Abdenego Bueso Rosa, preso en los Estados Unidos, sino que también está enviando un emisario a Washington para que abogue allá por la libertad del mencionado militar.

La empresa norteamericana fue la que se encargó de revelar el lunes anterior que el gobernante hondureño estaba intercediendo en forma insistente con el presidente Ronald Reagan para que las autoridades judiciales de aquel país tuvieran piedad y concedieran perdón al general Bueso Rosa.

Bueso Rosa fue condenado en una corte americana por el delito de conspiración, después de que él se presentó voluntariamente a la justicia de los Estados Unidos y se confesó culpable del complot.

La pena que se le impuso fue de cinco años y desde el año pasado se encuentra recluido en la Florida en una cárcel de máxima seguridad.

El presidente Azcona, hablando sobre este tema a periodistas de La Ceiba, ciudad que visitó ayer, dijo que no tiene que ser motivo de censura o de alarma que un gobernante de un país pida al presidente de otro país, clemencia por un ciudadano que está siendo juzgado en el otro país.

"Si mañana un sindicalista estuviera siendo juzgado en los Estados Unidos, en Francia, o en cualquier parte, pediría clemencia para él", expresó el mandatario.

"El general Abdenego Bueso Rosa –agregó—es un hondureño que está siendo sometido para mi forma de ver injustamente porque su esposa me entregó la certificación en donde dice que él está exento de cualquier culpabilidad, en tráfico de drogas y cualquier cosa, por lo que se está juzgando es por conspiración".

Luego se autopreguntó, el hombre estaba en Chile, y cómo puede estar conspirando para asesinar un presidente en Honduras, y suponiendo que eso fuera cierto, esas son cosas de tipo político, y hay que perdonar las cuestiones de tipo político.

"Por lo tanto, continuó Azcona, no solamente pedí clemencia por él, sino que estoy mandando un emisario a Washington para que siga abogando para que se le saque de la cárcel donde está detenido que es una cárcel de alta seguridad, donde está recibiendo un trato bastante inhumano".

Tiempo / **26 de febrero de 1987**

A todos

El martes recibirá Azcona a campesinos

- *Labriegos deben a BANADESA más de 40 millones de lempiras*

TEGUCIGALPA.- El director ejecutivo del Instituto Nacional Agrario (INA), ingeniero Mario Espinal Zelaya, declaró ayer que la deuda que los campesinos tienen con el Banco Nacional de Desarrollo Agrícola (BANADESA) asciende a alrededor de 43 millones de lempiras, y que una parte de ella será irrecuperable.

Sin embargo, sostuvo que, aunque el gobierno no está dispuesto a condonarles esa deuda a los campesinos, "consideramos que debe haber una reactivación del financiamiento en el agro, para mejorar la producción y crear mayor estabilidad en el mismo".

Indicó que la unidad especializada creada recientemente para manejar las deudas agrarias, ha encontrado irregularidades que ya no pueden seguir dándose, y "esperamos en los próximos 15 días tener un informe concreto sobre esa situación, y, si es necesario, lo vamos a dar a conocer al público".

Mario Espinal manifestó, por otra parte, que es preocupante la falta de unidad entre las organizaciones campesinas, "de enero para acá no ha había ninguna armonía entre ellas", agregó.

"Vemos con preocupación que todo esto que se está dando es producto de una falta de unidad entre los dirigentes y falta de criterios uniformes en cuanto a quehaceres. A nosotros no nos conviene que esto se esté dando, porque creemos que atrasa el proceso de reforma agraria y el único perjudicado al final son las bases campesinas", añadió.

Las presiones contra el INA, según Espinal, son únicamente de los dirigentes y no de las bases campesinas, porque estas "están trabajando con nosotros sin ningún problema".

Finalmente, dijo que el martes próximo el presidente José Azcona Hoyo se reunirá con los representantes de todas las organizaciones campesinas, sin excepción, y los titulares del INA, BANADESA, IHMA, Ministerio de Recursos Naturales y, de ser posible, el jefe de las Fuerzas Armadas, para analizar a fondo los problemas del agro. (TDG).

AZCONA HOYO

Tiempo / **26 de febrero de 1987**

TALENTOSO FOTOGRAFO CEIBEÑO

Fernando Alfonso es un joven ceibeño estudiante de Administración de Empresas quien se ha dedicado en los últimos meses a la fotografía demostrando mucho talento. Al principio lo hacía por "hobby" dice, pero ahora se ha vuelto el fotógrafo indispensable de los grandes eventos sociales.

Fernando es hijo del distinguido matrimonio que en esta ciudad forma don Luis Alfonso y su esposa Maye Bertot de Alfonso.

**El fotógrafo Fernando Alfonso con el señor Presidente de la
República ingeniero José Azcona en la boda de su sobrina
Lourdes Licona Azcona que se realizó a fines de diciembre
del año pasado.**

La Tribuna / **26 de febrero de 1987**

En La Ceiba: Se paran gasolineras

LA CEIBA, ATLANTIDA.- La Asociación Hondureña de Distribuidores de Productos del Petróleo (AHDYPPE) paralizó la mañana de ayer a nivel regional la venta de combustible en las estaciones gasolineras de su pertenencia, en protestas por la apertura aquí de una nueva estación gasolinera.

El cierre de las gasolineras mantiene semiparalizado aquí el tráfico de vehículos y afectó a los medios de transporte terrestre, tanto de carga como de pasajeros, con ruta hacia diversas comunidades del país.

La AHDYPPE calificó el cierre como de temporal, pero amenazó con declararlo indefinido en caso de que las autoridades de Transporte no desautoricen el funcionamiento de la nueva estación gasolinera.

Los directivos de la AHDYPPE expresaron que la paralización de las estaciones gasolineras fue provocada porque la Dirección General del Transporte autorizó en forma inconsulta la apertura de la nueva estación gasolinera, pese a que de antemano dispuso que para tomar tal determinación lo haría de acuerdo con esta organización.

La AHDYPPE denunció que no obtuvo respuesta de las misivas que envió al titular de la Secretaría de Comunicaciones, Obras Públicas y Transporte (SECOPT), Juan Fernando López, al presidente José Azcona Hoyo y al director de Transporte Marco Antonio Laitano, a fin de llegar a un acuerdo sobre el funcionamiento de la nueva gasolinera.

Tiempo / **26 de febrero de 1987**

www.ingramcontent.com/pod-product-compliance
Lightning Source LLC
Chambersburg PA
CBHW052112020426

42335CB00021B/2732